図説

ヨーロッパの紋章

浜本隆志

●河出書房新社●

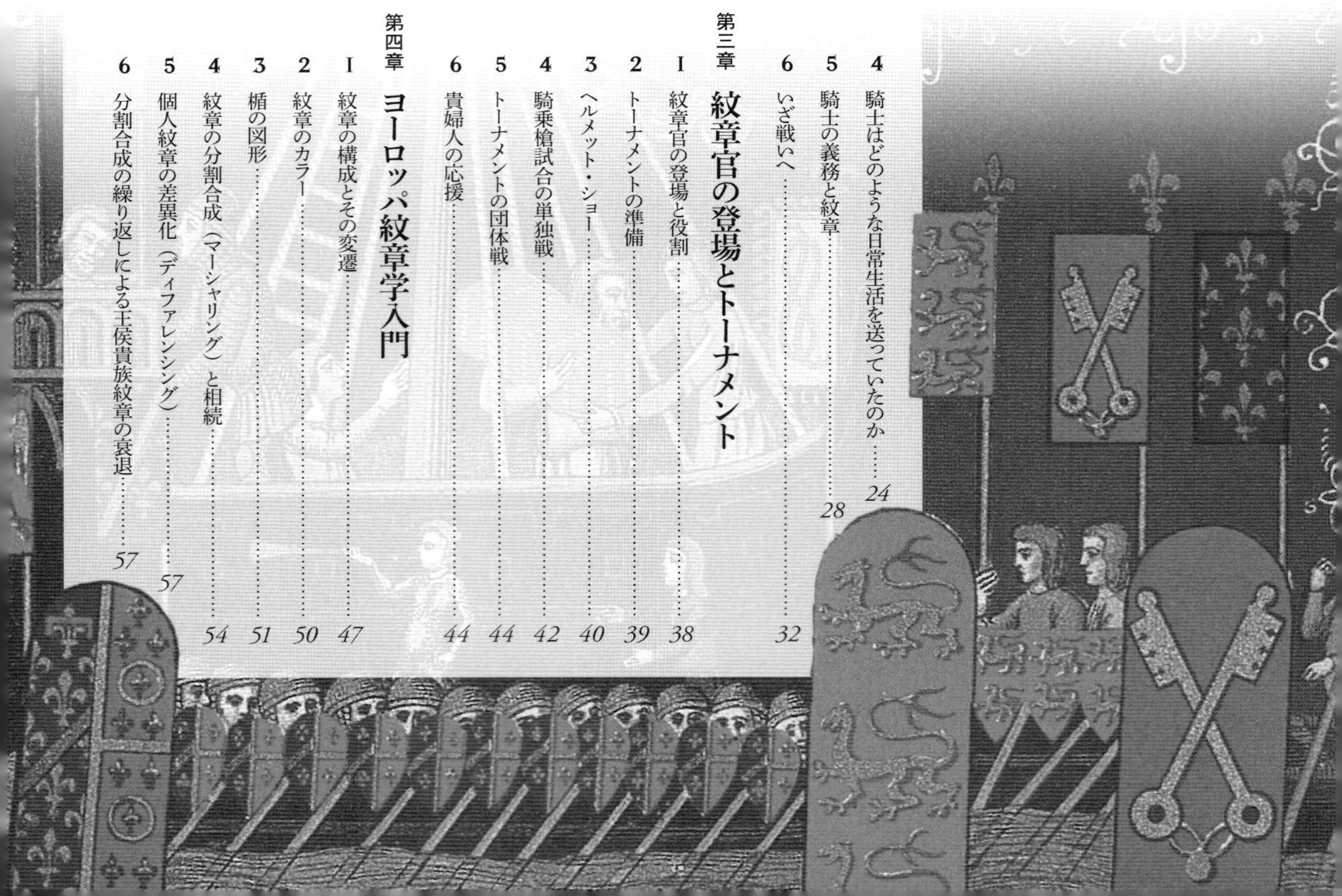

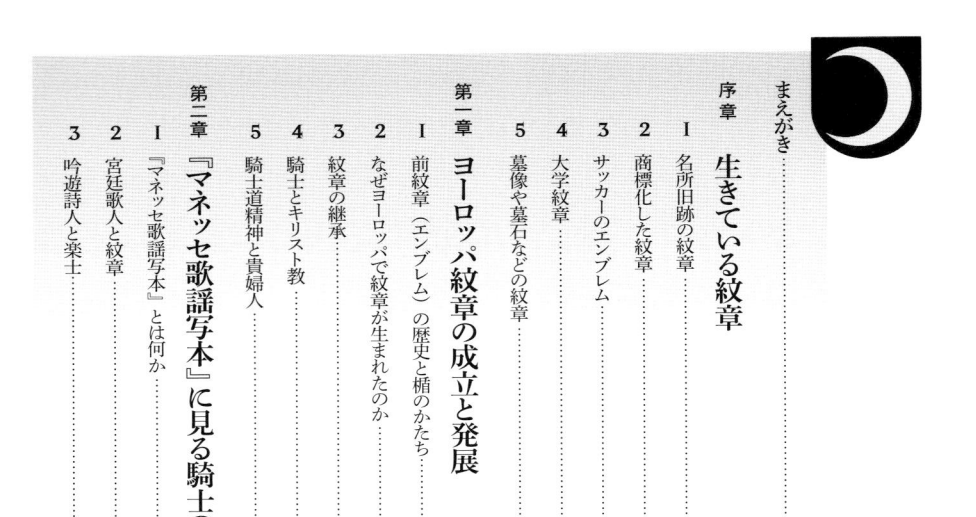

地図作成・小野寺美恵

まえがき

筆者が紋章に関心を持つようになったのは、ドイツ留学中にジーゲン大学のフォンドゥング教授から、『マネッセ歌謡写本』（インゼル版）をプレゼントされたことに端を発する。これは七〇〇年ほど前の貴重な歌集の写本であるが、それのみならず、中に騎士の図像と紋章が彩色鮮やかに描かれていたので、思わずその世界へ引き込まれてしまった。

本書の読者の方々にも、その世界をご覧いただきたく、第二章に『マネッセ歌謡写本』の世界をクローズアップした（一八ページ以下参照）。中世とは思えない斬新な構図や彩色の美しさに啓示を受ける人もいるだろう。中世人の紋章にも一種のメッセージが込められており、その謎を読み解くのも楽しいことである。

確かにヨーロッパ紋章は過去の遺産に過ぎず、今日、現代性のないテーマであると考える向きもある。いうまでもなく紋章は、中世の騎士の時代に生み出され、一世を風靡したシンボルであったが、実際に紋章と対峙してみると、今もなおその伝統文化は、大きなインパクトを持って、われわれに多くの問題提起をしてくる。

ヨーロッパの歴史を研究する人でなくても、ヨーロッパ観光において、否が応でも目につく紋章がかなり多くある。たとえばブレーメンのローラント像（ドイツ）、メディチ家の紋章（イタリア）、ハプスブルク家の双頭のワシ紋章（オーストリア、

スペイン）、バッキンガム宮殿の紋章（イギリス）など、主要な名所では過去の遺産を直接見る機会が多い。

さらに注意して観察すると、都市の市庁舎や市門にも紋章が掲げられている。教会内に入っても墓標があり、著名人の墓地の墓石においても、紋章と出会う場合がある。またサッカーのエンブレム、ビール、ワインの商標などにも紋章は組み込まれている。もし紋章の予備知識を持っていれば、ヨーロッパの歴史・文化の理解がさらに深まり、かつ旅行も豊かなものになるはずである。

本書はそれらを導入部にして、そもそもどうしてヨーロッパで紋章が生まれたのか、紋章がなぜ中世以来、急速に拡大し、近代に衰退期を迎えたのかを、ヨーロッパ史の流れを視野に入れ、図像を交えながら、具体的に例示してわかりやすく説明する点に特色を持つ。逆に言えば、紋章という視点から読み解くと、ヨーロッパの歴史や文化が生き生きとよみがえってくるのである。

なおヨーロッパ紋章については、これまで森護《まもる》氏（一九一三〜二〇〇〇）が研究書を含め何冊か出版されている。森氏が紋章学を日本に紹介し、読者を啓発した功績は大いに評価するものであり、筆者もその学恩を受けてきたが、あまりに専門的で、ハードルが高いという印象をお持ちの方もおられよう。森氏はイングランド（イギリス）紋章を中心に紋章学を展開され

ている。確かにイングランド紋章が中世からの伝統を継承し、それを統括した紋章院がもっとも厳格なルールを決め、紋章学を発展させてきたのは疑いのないことである。

しかし実際のところ本来の紋章の成立はヨーロッパ大陸である。もちろんイングランドと大陸の紋章は共通するところが多いが、イングランド紋章の厳格なルールは、必ずしも大陸と同様ではない。そのため本書では、ヨーロッパ大陸の王侯貴族の個人紋章にも広く目配りをした。さらにヨーロッパでは、都市紋章、ギルドの紋章、屋号、商標などの共同体紋章が発達しているので、縦の権威シンボルである個人紋章だけでなく、横の連帯や商業のシンボルである共同体紋章にも論及する。

ご承知のように、日本にも家紋という伝統文化が存在し、平安時代から近代まで大きな発展を見た。終章では日欧の比較を行い、それぞれの特徴を明らかにしたい。トピックを交えてコンパクトに説明することで、紋章を身近なものとして親しんでいただけるものと考える。

現代は映像化時代である。インターネットやスマートフォンでも、絵文字やイラスト、記号、映像が氾濫している昨今でもある。紋章を表象メディアととらえると、それが過去のものではなく、新しい切り口から別の世界が開けてくるのではなかろうか。どのようなメカニズムで、視覚メディアとしての紋章が社会階層の中で展開されてきたのかという視点も踏まえ、論を展開したいと思う。

序章

生きている紋章

▶1－1　ローラント像

◀1－2　フィレンツェ大司教邸のメディチ家の教皇紋章

1 名所旧跡の紋章

ヨーロッパ観光をするとき、名所旧跡で紋章と出会うことが多い。たとえばブレーメンのマルクト広場にはローラント像（図1－1）があり、案内書などから、これが『ローラントの歌』の英雄ローラントだということはわかる。しかし、なぜブレーメンに双頭のワシの紋章が掲げられているのだろうか。かつてブレーメンは帝国直属自由都市であったため、神聖ローマ帝国のシンボルを表しているからである。

次に図1－2に挙げるのは、フィレンツェの大司教邸の大富豪メディチ家の紋章である。楯の丸印の意味は諸説あるが、丸薬を表しているという説が有力である。そこには鍵が二本交差しており、これはローマ教皇紋章である。メディチ家は、レオ一〇世やクレメンス七世など、ローマ教皇を輩出しており、教皇紋章は、上部に三重冠を配し、交差するように天国と地獄の鍵をシンボル化しているのである。

またロンドンのバッキンガム宮殿といえば、衛兵の交代式が有名であるが、その門扉には現在の連合王国のイギリス大紋章が掲げられている（図2－1）。とくにヨーロッパで門扉や門に紋章が飾られるのは、王侯の権威を示す意図があったからである。しかしその楯に描かれた紋章であるライオンやハープは何を表しているのだろう。また、左右の楯持ちに当たるライオンに鎖がなく、ユニコーンに鎖が付けられているのはなぜなのかなど、さらなる疑問が生まれてくる。これはイギリスの連合王国の歴史を内包しているのである。

ヨーロッパ紋章の典型例は、スペインのトレドのビサグラ新門の上に掲げられた巨大な双頭のワシ（図2－2）である。これは神聖ローマ皇帝カール五世（在位一五一九～五六）がトレドの入り口に新門をつくり、そこに神聖ローマ帝国の双頭のワシの紋章を飾った歴史的シンボルである。カール五世はもともと

▶2－1　門扉に飾られた連合王国の大紋章
◀2－2　城壁門の双頭のワシ紋

スペイン国王カルロス一世であったが、神聖ローマ皇帝になり、スペイン・ハプスブルク家の全盛期を築いた。皇帝がスペイン系・オーストリア系のハプスブルク家を統合していたことを実感させるのが、この門の巨大な紋章である。

2 商標化した紋章

ヨーロッパ紋章は商標にも用いられている。そのうち日本でも愛好家が多いマイセン磁器の交差剣が有名である（図3－1）。これはマイセン磁器の商業化を推進したフリードリヒ・アウグスト一世（在位一六九四～一七三三）の紋章（図3－2）の交差剣を導入したものである。ただしそれは歴代同一でなく、時代によって微妙に変化している。交差剣のマークによって製造年を推定できるので、アンティークの磁器の鑑定に用いられている。

一般にヨーロッパでよく目にする商標化した紋章は、ワインやビールのラベルである。これらの商標はブドウ園経営者のシャトーや醸造所のギルド紋章から派生し、発展したものが多い。中には修道院の醸造所もごく少数あるが、さらに家の所有物を示すハウスマークをルーツとする商標も存在する。

図4に示したのは、ミュンヘンのシュパーテン醸造所が製造した、有名なオクトーバー

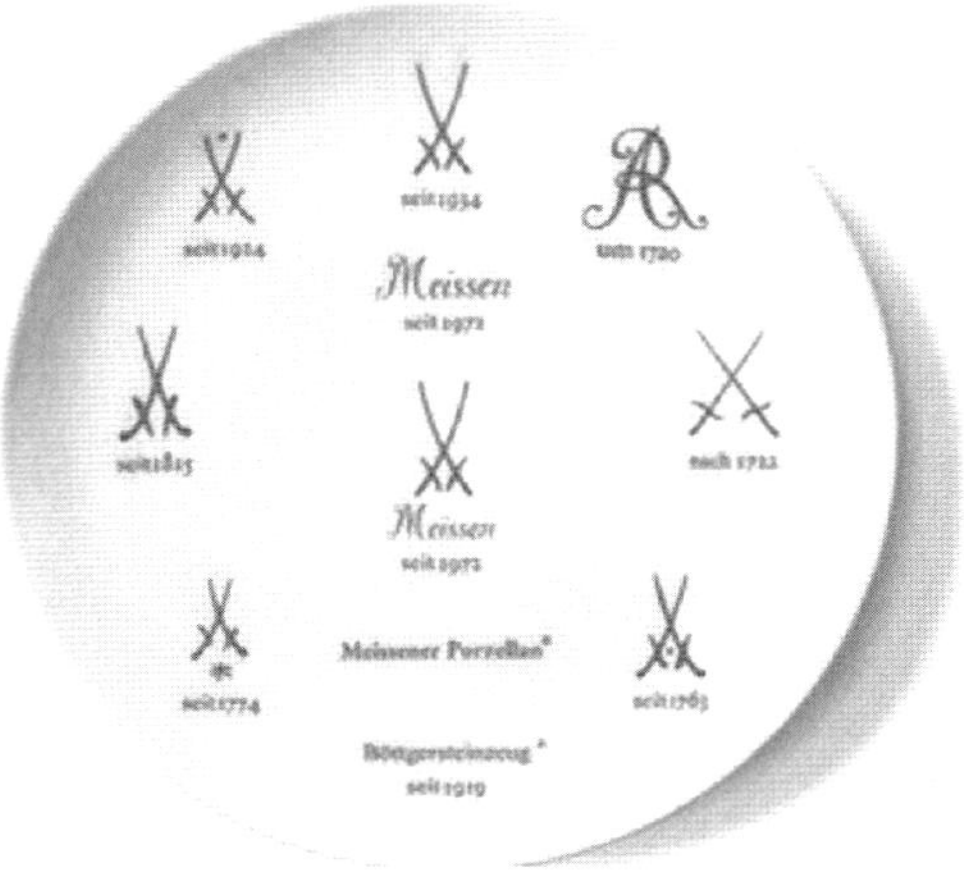

▶3－1　マイセン磁器の交差剣
◀3－2　アウグスト一世の紋章

▶◀4　ビール樽と商標紋章

フェスト（一〇月祭）用のビール樽を馬車で運んでいる光景である。シャベルがシンボルになっている理由は、この醸造所がシュパット（Spatt）家の所有となっており、発音が似ているのでシュパーテン（Spaten、鋤あるいはシャベル）が当てられたというが、異説もある。なお紋章のGSは人名の頭文字である。

▶5－1　アルファ ロメオのエンブレム

紋章に由来する商標は各種あるが、次にイタリアの自動車メーカーのアルファ ロメオのエンブレムを取り上げよう（図5－1）。かつて名声を博したこの社も、現在はフィアットの傘下にあり、そのエンブレムの歴史はそれほど古くはない。第一次世界大戦の頃、自動車は馬車から発達したものであったので、それに紋章を付ける習慣が広まったのが発端である。

図5－1の十字は、会社発祥の地ミラノの市紋章であるが、もう一つミラノを統治していた名家ヴィスコンティのユニークなヘビ紋章（図5－2）が合成されている。王冠を被ったヘビが人間を呑み込もうとしている構図は、一一一一年には記録で確認されるほど歴史が古い。伝説では、これは十字軍に参戦したときの武勇伝に由来し、ヘビに呑み込まれているのはイスラーム教徒という（ただし子どもを呑み込んでいるという説もある）が、真相は定かではない。このモティーフは一九一〇年以降のイタリア車、アルファ ロメオのエンブレムに流入した。

▶5－2　ヴィスコンティ家の紋章

3 サッカーのエンブレム

イングランドのフットボールがサッカーの

ルーツといわれている。最初、郷土代表チーム同士の対戦で、選手だけでなく応援する側でも同一チームの目印が必要となり、それがサッカーのエンブレムへ発展していった。ヨーロッパのサッカークラブには熱烈なサポーターが多くいるので、応援の際にシンボルとしてのエンブレムを大切にした。それは紋章に強く影響を受けている。その事例を三つ見ておこう。

　イギリスのウェールズサッカー協会は一八七六年創設で、ヨーロッパでは三番目に古く、レッドドラゴン（図6）のエンブレムで知られる。そのドラゴンのシンボルのルーツは、もとはウェールズ国旗とされる。その歴史は古く、一説には古代ケルトの守護神であった、レッドドラゴン伝説にさかのぼると言われている。

　ウェールズにはケルトの末裔が住んでいたから、このような伝説が残っていたのであろう。このエンブレムは紋章の楯のかたちを踏襲し、レッドドラゴンのモティーフは同一であるが、デザインは時代の推移とともに変化して、直近のドラゴンは顔を後ろに向けている。なお外縁（ボーデュア）の一一の花は一一人の選手の数を表しているという。

　次に引用するのは、イタリアのセリエの強豪クラブ、ローマのエンブレム（図7）である。クラブは一九二七年の創設で、そのエンブレムは、ローマ神話のロムルスとレムスの双生児がオオカミに育てられている図案になっている。神話では親に捨てられ岸辺に流れ着いた双子は、牝オオカミに助けられ、洞窟でオオカミに授乳してもらい、命を長らえることができた。そして成長したロムルスが古代ローマを建国し、初代の王となったと伝えられてきた。これはローマ市民であれば誰でも知っている図版で、きわめて親しみのある

▶6　ウェールズサッカー協会のエンブレム

◀7　ローマサッカークラブのエンブレム

▶8−1　バイエルン・ミュンヘン、サッカークラブのエンブレム

◀8−2　ヴィッテルスバッハ家の紋章

ものとなっているが、エンブレムは紋章の楯のかたちを踏襲していることがわかる。

　三つ目に、ドイツのバイエルン・ミュンヘン（図８－１）はブンデスリーガの強豪で、ミュンヘンを本拠地に置いている。エンブレムは円形であるが、中心部に白と水色の菱形模様をアレンジしている。これは現在の州紋章に由来するが、もとをただせば歴史は古く、ヴィッテルスバッハ家の紋章の図案であった（図８－２）。なお、ドイツ国内を統括するドイツサッカー協会のエンブレムも、ドイツ国章のワシをシンボル化したものである。

　中世騎士に由来する紋章が、サッカーのエンブレムと類似するのは、伝統を大切にするヨーロッパならではのことで、当然の帰結であろう。スポーツとはいえサッカーも相手チームとの戦いに他ならないからだ。サッカーが世界で注目されればされるほど、現在でもヨーロッパ紋章がクローズアップされよう。

4 大学紋章

　ヨーロッパでは、大学の学位記や公式文書にはエンブレムが印刷されているが、大学紋章の歴史は、中世ヨーロッパの大学創設までさかのぼる。ヨーロッパの大学は通常、ボローニャ大学とパリ大学が最古といわれている。その設立の背景には中世都市の発達があり、知識階級も職人たちのギルド（同職組合）に似た教授と学生という徒弟制によって弟子を養成しようとした。大学の最初のエンブレムは印章に彫り込まれ、証明書に押印をしたので、大学のシンボルは印章とセットで発展してきた。

　なおヨーロッパの印章は中世では条約や証

▲▼9　上左より・ウィーン、ハイデルベルク、ロンドン、下左より・ボローニャ、パリの各大学紋章

書の書類として不可欠なものであったが、近代では印章からサインの文化に変貌していった。図9に引用したのは、歴史の古いヨーロッパの大学の紋章である。そのフィールドに描かれた各王国のシンボルは、紋章の歴史的背景を示すが、ほぼ共通するモティーフは本である。いうまでもなく大学の知識は本によって継承されてきたからだ。

◀10　一四世紀の貴族の墓標版と紋章（足元のライオンとイヌのシンンボルにも注意）

5 墓像や墓石などの紋章

墓石に紋章を刻むのは、日本とヨーロッパだけの慣習であった。それは家系の継承という紋章の特性を表す視覚的シンボルとしては、当然のことである。人びとは墓石に紋章を刻んで、子孫に残しておきたかったからだ。ただしヨーロッパの場合、墓石は教会の内陣や側壁、あるいは公園のような墓地にあるので、一般の人びとの目にも付きやすい。それに反して日本の場合、墓地は身内以外、あまり訪れないので目に付きにくい。

ヨーロッパでは、埋葬方法に教会が深く関与していた。王侯貴族は神の加護を受けられる教会内に埋葬されることを望んだが、教会側は衛生面などからそれを避けようとした。しかし権力のある王侯は、自ら教会や礼拝堂を建設したので、その力関係から教会内の埋葬も多く、現在でも教会を訪れると、それを確認することができる。図10に引用するのは、一四世紀の墓標版とその紋章である。

以上のように、現在におけるヨーロッパ紋章を概観しただけでも、それらが歴史的伝統の中に深く根ざし、今なお生き続けていることがわかる。これは日本の家紋と対照的で、日本では生活習慣や衣服の急速的な変化とともに、家紋はしだいに影が薄くなっている。とくにヨーロッパの表象文化は、王侯貴族の権威のアピールや共同体の連帯という特徴があったので目に付きやすいが、日本の家紋は家制度を根底において紋付や家具に付けられていたから、これらは現在目にする機会が少なく、家紋が歴史的使命を終えたとも考えられる。

第一章

ヨーロッパ紋章の成立と発展

1 前紋章（エンブレム）の歴史と楯のかたち

ヨーロッパの紋章学では、紋章は代々継承されるものを指し、それ以外を前紋章（エンブレム）と呼んで区別している。たとえば紀元前から、攻撃用の剣と防御用の楯が存在しており、古代ギリシャ・ローマ時代に、防御の武器である楯に文様を描く前紋章の習慣があった。楯の文様は敵と味方を区別する役割だけでなく、威嚇や魔除けとしての機能も持っていた。

その図案は多様であるが、渦巻き状、ライオンなどの強い動物、メドゥーサなどは威嚇を表す。古代ギリシャの楯（図1－1）は、通常円形をしており、取り扱いが簡便であるので、機動力を必要とする戦場では威力を発揮した。一方古代ローマの楯（図1－2）は長方形をしており、もっぱら重歩兵用であって、これを並べて楯にして攻撃したり、防御したりするのに有効であった。なおローマ軍は軍団ごとに統制がとれていたので、同一文様や対称形が多い。したがって古代の戦闘シーンの再現においても、史実に忠実であれば、装備によってギリシャ軍とローマ軍は容易に見分けがつく。

南欧に対して北欧では、タキトゥス（五五頃～一二〇頃）の描写にもあるように、ゲルマン人が楕円形や四角形の楯に動物紋様やルーン文字（古代ゲルマン文字）などを描いていた。しかし継承された証拠はないので、紋章と言うことはできない。

中部ヨーロッパ（ノルマン人を含めて）では、縦長の楕円形の楯を使用した。下方まで長いのは足を保護するためである。たとえば時代は下るが、バイユーのタペストリー（一〇六六～七七頃）に描かれた戦闘画の楯（図2）を見れば、騎馬用でも歩兵用でもその事情がよくわかる。これは古代ローマの楯より機動力を発揮できるので、進化した楯といえるだろう。ただし、この時代でも文様を描いたものはあるが、紋章のシンボルの継承はな

◀1－1　古代ギリシャの楯

かったらしい。

▲1－2　古代ローマの楯

2 なぜヨーロッパで紋章が生まれたのか

前述のように、古代から中世の一一世紀頃までの楯の文様は実際に存在したが、それはルール化されたものではなく、また家系によって代々継承されるものでもなかった。その後、世襲的なヨーロッパ紋章が成立するという経緯をたどった。

まず中世ヨーロッパで誰が紋章を生み出したのか、その主体を考えてみよう。紋章のルール化の背景には、中世の兵農分離によって、闘う騎士が重視されるようになったことが挙げられる。騎士が戦場で主役になってきたこと、騎士と貴族との関係、さらにはヨーロッパの封建制度がこの問題に深く関わっているようである。

西ヨーロッパでは、ノルマン人やマジャール人、イスラームなどの侵入を経験したので、外敵に対する防衛が重要視された。そこで登場してきたのが騎士という武装集団である。ヨーロッパにも騎馬・遊牧民が発明した鐙《あぶみ》（鞍からぶら下げた左右の足掛け）が伝わってきており、一二世紀頃には、ヘルメットや鎧で装備した騎士が馬を駆使して、機動力を発揮して攻撃をするようになった。とくに戦場では、槍を武器にして集団で突進する騎士軍団が、戦闘の主導権を握った。戦争では、重装備した彼らが最強の軍団になったので、騎士への信頼が高まり、社会的身分は急激に上昇した。

さらに、騎士が防御のため戦場で顔までおおうヘルメットをかぶったりすることで視界が狭まったため、敵味方を判別する必要性から、楯に目印の文様を描く習慣が広がった。

▲2　バイユーのタペストリー（部分）

図3に示すのは、一二世紀の紋章成立時期に騎士が紋章の描かれた楯を持ち、ヘルメットをかぶって戦っている画である。壺型ヘルメットによって視界が狭まり、敵味方の識別のために目印の紋章が必要になった事情が理解できよう。

　このような経緯をふまえ、原則として現在のワッペンは楯形をしている。なおドイツ語の武器（Waffen,pl.）から紋章（Wappen）という言葉が派生した事実も、紋章の由来を示すものである。

3 紋章の継承

　第一回十字軍の遠征（一〇九六年）時以降、キリスト教のシンボルであった十字のしるしが用いられたので、これが世間で注目を浴びた。ただし初期十字軍の場合、相手がイスラーム勢力であったから、シンボルは十字だけでも不都合はなかった（図4）が、ヨーロッパにおける同じキリスト教同士国の戦闘では、敵味方の識別の必要性が増した。

　こうして戦闘に加わった騎士は、気に入ったシンボルをそれぞれ考案するようになった。騎士たちは自己アピールや威嚇のために、のちのヨーロッパ紋章の特徴となる、ライオンやワシなどの強い動物紋や具体図形を好んだ。

　これが紋章の固定・継承のきっかけのひとつとなる。出発点は騎士の紋章にあったが、紋章を使用したのが騎士だけなら、ヨーロッパ紋章がこれほど発達しなかった。

　世襲制の紋章が発生する少し前から、王侯貴族は印章（シーリングスタンプ）を契約時の証拠として用いていた。そこにもシンボルが彫り込まれていたが、その習慣が騎士の紋章と結びつき、王侯貴族が印章より明確な紋章を、視覚的シンボルとして急速に取り入れた。それには封建制の継承システムが大きく影響したと考えられる。まず世襲制の紋章が、いつ頃から、ヨーロッパのどの地域で生まれたかを見ておきたい。

　ヨーロッパ紋章は、中世の一二世紀初め（一一二五～三五頃）に、フランス北西部からドイツ西南部あたりのロワール川からライン川のあいだの地域で成立したとされる（ミシェル・パストゥロー『紋章の歴史』）。この地方はフランスと神聖ローマ帝国（ドイツ）の国境であるだけではなく、イングランドも領土的関心を持っており、他地域より戦闘が多く行われた。その後、騎士は実戦だけでなく、模擬戦として騎乗槍試合をよく行うようになる。試合においても、ヘルメットをかぶった騎士を識別するために紋章が必要であったので、紋章はヨーロッパ中に拡大していった。

　ただしこれだけでは、紋章の世襲化の決定的な理由にはならない。フランスの紋章学者ミシェル・パストゥローは、封建社会の貴族の世襲制と紋章との関係を指摘している。すなわち封建制の時代には、しだいに貴族が特

▲3　初期のヘルメットと紋章（12世紀終わり頃）
▼4　キリストに導かれる十字軍の騎士

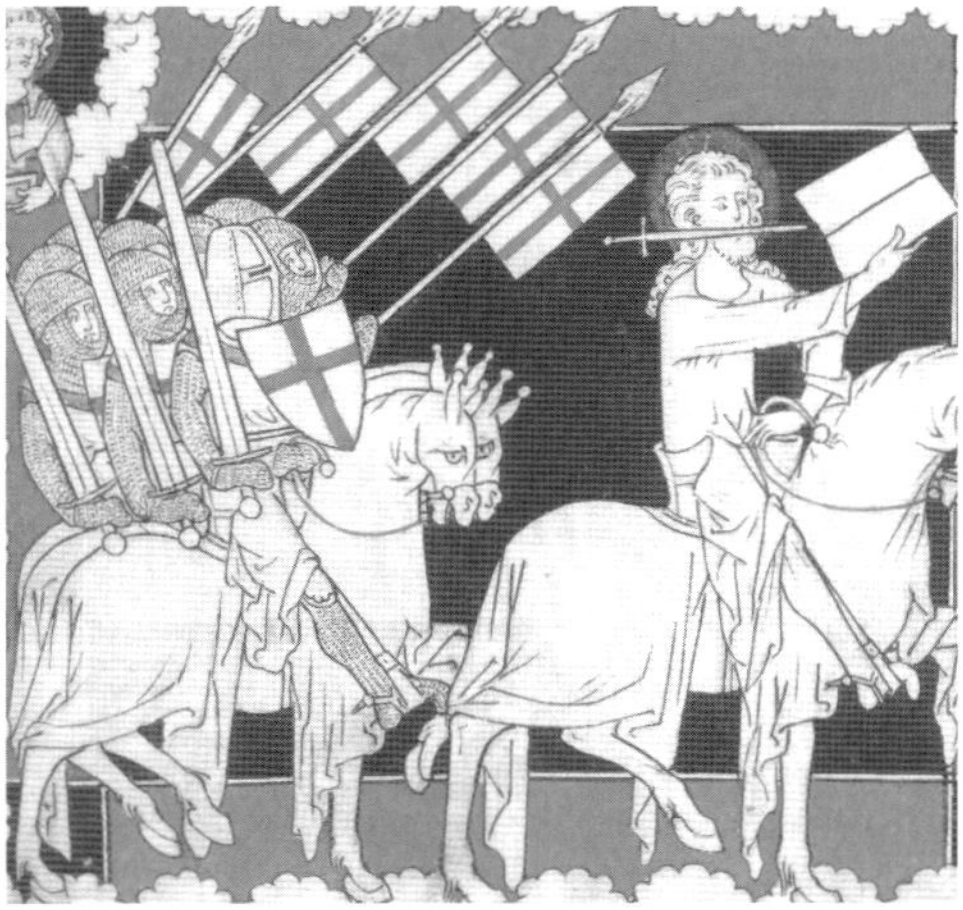

▲5　十字軍の乗船準備（14世紀、フランス写本）

権化して王権が強化され、臣下との主従関係は、地方領主から国王中心に集約化された。王は権威のシンボルとして城郭を整え、王冠、王杓、印章だけでなく、臣下の騎士が用いていた楯の紋章の慣習を取り込んでいく。とくに視覚的アピールの大きい紋章は、表象のシンボルとして重視され、王侯貴族の世襲制と結びつけられるようになる。

中世ではその際、貴族身分は同族でも長兄相続が原則であったので、当然、紋章も個人を識別する個人紋章が視覚的シンボルとなっていった。この慣習が代々受け継がれるようになり、紋章が固定化したと考えられる。とくに王侯貴族は家門の名誉のシンボルとして、騎士は自分の武勲を残すために、楯の紋様も子孫に継承させるようになる。こうしてヨーロッパ紋章が成立したのである。

紋章の流行によって、類似した文様が使われたり、他人の紋章を盗用したりすることも発生したので、それをコントロールする紋章官が必要になった。とくにイングランドやフランス、神聖ローマ帝国などに次々と紋章官が生まれた。そこで王侯は自分のお気に入りのシンボルを紋章化し、それを権威のシンボルにしていった。さらに貴族や身分の高いものしか紋章を持つことができないよう、紋章を制限しようとした。

ところがシンボル表象は、民衆の識字能力が低かった時代の要請でもあったので、人びとの関心を惹いた。こうして一三世紀からは、紋章が王侯貴族だけでなく、宗教組織、裕福な都市市民、ギルド（ドイツではツンフト、同職組合）にも拡大し、共同体紋章も歩調を合わせて発達していくのである。もちろん王侯貴族紋章は、共同体紋章と類似しているが、継承のプロセスは両者では大幅に異なる。

4　騎士とキリスト教

当初、キリスト教は騎士を軽蔑し、彼らを、野蛮な殺戮を行い、神の教えに反する、ならず者集団とみなしていた。しかしその後、教皇ウルバヌス二世が十字軍を呼びかけたことによって、それに呼応した騎士はキリスト教の防衛の役割を担うようになった。イスラームのエルサレム占領はキリスト教徒にとって看過できなかったからである。第一回十字軍の騎士たちは、エルサレムの奪還に成功し、名声を博した。やがて紋章がヨーロッパで固定化すると、十字軍の騎士たちもそれぞれの紋章を掲げて、従軍していった（図５）。

十字軍運動によって騎士とキリスト教が深く結びつくようになったことで、騎士たちもキリスト教の宗教・倫理観を習得し、質的にも向上した。一三世紀の図像に、理想的な騎士の使命が描かれている（図６）。ここには騎士の持つ楯に三位一体の図が示され、騎士は天使の啓示によって七つの大罪に立ち向かい、これを駆逐することを要請されているのである。図にすることで、識字能力のない人にも内容が容易にわかるようになっている。

次に、騎士とキリスト教の結びつきは騎士叙任式（図７）にも認められる。まず騎士に叙任されるためには、一定の手順を必要とし

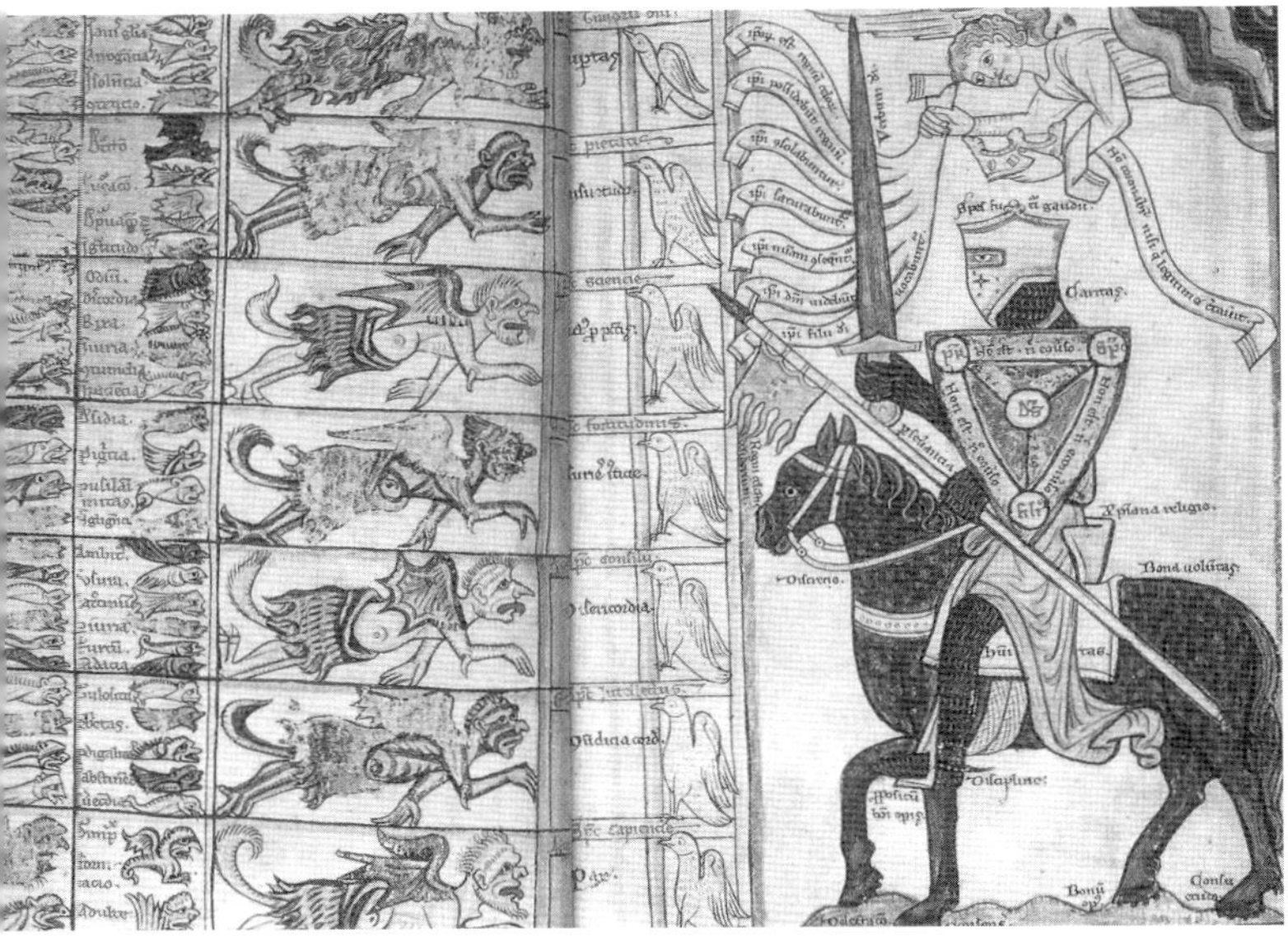

▲6　騎士とキリスト教の三位一体
◀7　騎士の叙任式

た。騎士か従士（ミニステリアーレ）の家では一二歳くらいになると、騎士見習いとして領主の館へ奉公し、二〇歳くらいまで小姓として修行した。戦場では従騎士の楯持ちとして出陣する。修行を終え、ある年齢に達すると騎士に叙任される。

騎士の通過儀礼では出発点の叙任式がもっとも大切なものとされ、キリスト教とも結びついてフランスで定式化され、ドイツにも伝播した。それには手順があり、叙任されるものは式の前に騎士の掟を学習し、剣、バナー（個人旗）、楯を教会へ供え、身を清める。翌日、主君と司祭が叙任式に立ち会い、司祭はミサを唱え、新騎士は誓いの言葉を述べる。さらに新騎士は剣と拍車を身につけ、騎士の装備を整える。主君は首に刀剣を当てて、刀礼を行う。これは、騎士道の衰退期に入ってから定式化された儀礼である。なお戦場で武勲を挙げた者には、主君がその場で騎士の叙任を行ったが、それは軽く剣で肩を叩くという簡略化された儀式であった。

確かに騎士は、本来戦闘集団であったので、ヘルメット、武器、楯と馬を必要としていた。これらは装備に費用がかかったから、誰でも騎士になれるわけではなかった。血縁でつながっていた貴族の二男、三男などの事例が多かったが、経済的な余裕のある裕福な自由民も騎士になることができた。彼らは身分としては王侯貴族に仕えていた従士であったが、世襲制の貴族ではなかった。主君のいない若い騎士は親元を離れ、仕官の口を見つける旅に出るようになった。

騎士は発生当初、主君に従属していたが、一三世紀初頭に騎士道が定着してからは、その精神を身に付けた場合、王侯貴族も騎士とみなされるようになった。こうして王侯貴族と本来の騎士は、しだいに合流するようになる。やがて騎士は支配階級を横断した概念となっていき、当時の王侯貴族も原則として騎士と称するものが増えてきた。騎士の戦場での紋章も、王侯貴族の紋章も、家系によって継承されるようになった。とくに王侯たちは、それによって統治権を視覚化させ、中世の封建社会を確固たるものにしようとした。さらに彼らは家系図にも紋章を記入し、封建制度における封土と紋章の関係を図示した。

5 騎士道精神と貴婦人

騎士道の基本としては、主君への忠誠を尽くすこと、卑怯な行動をせず勇敢に戦い、敵前から逃亡しないこと、あわせて神への信仰を守り、教会の教えに服従することなどが求められた。これらを示す武勲詩は、フランスでは『ロランの歌』(図8)、イングランドでは『アーサー王物語』などがあるが、主に吟遊詩人などが宮廷でこれを吟じ、人気を博した。その結果、騎士道精神がヨーロッパ中の宮廷に伝播するようになる。

さらに騎士には、弱きものや貧しきものを助け、とくに女性に奉仕するということも求められていた。日本の武士道との大きな違いは、ヨーロッパでは貴婦人への愛の奉仕のしきたりがあることだ。これがヨーロッパ特有のミンネ(愛)の精神であるが、その際、単なる恋愛ではなく、身分の高い女性への献身的な愛が称えられ、それが騎士道の鑑《かがみ》とされた。たとえば紋章にも、王冠をかぶった貴婦人を描き、女性賛美を図像化したミンネの詩人がいた(図9)。これは武骨な戦闘集団とは対極の、ヨーロッパ騎士道の側面である。その詳細については、次章(一八ページ参照)で述べる。

女性賛美は「宮廷風恋愛」ともいわれ、南フランスのギヨーム九世の宮廷内から生まれたとされる。「宮廷風恋愛」の愛を捧げる歌合戦の余興行事から、この風習は拡大していった。愛の習俗や騎士道精神は、宮廷から宮廷へ渡り歩いて、各エンターテインメントに参加した吟遊詩人たちによって、北フランスに伝えられた。

▲9　貴婦人像(『マネッセ歌謡写本』復元図)
▶8　『ロランの歌』挿絵(制作者不詳)

平和時に娯楽に飢えていた宮廷では、吟遊詩人を客人として厚遇し、宴会や贈り物をした。そのため彼らは物語を吟じた後、王や貴婦人をほめそやし、宮廷から宮廷へと渡り歩いて報酬を得ていた。彼らの来訪は、歌や演劇のみならず、各国の情報を得るためにも重要視された。

吟遊詩人は南フランスではトルバドゥールといったが、北フランスではトルヴェール(トルバドゥールの影響を受けた北フランスのオイル語で歌う詩人)、ドイツ語圏ではミンネゼンガー(恋愛歌人)と名称が変わっている。もちろんヨーロッパ主要宮廷や都市を渡り歩いた吟遊詩人は、同一の感性を持っていたわけではない。傾向から大別すれば、南欧では恋愛は官能的で、北フランスからドイツ、オーストリアにかけてそれは抑制的になり、自制を利かせたものであった。

さらに騎士道における貴婦人への愛と呼応するかのように、一二世紀頃からフランス各地にノートルダム(われらが貴婦人の意)寺院が建設され始めた。この時代のゴシック大聖堂は、「キリスト大聖堂」というより「聖母マリア大聖堂」と銘打ったものが多く、その典型例がパリ、シャルトル、ランスなどのノートルダム大聖堂である。こういうかかわりから、キリスト教においても聖母マリア信仰が興隆するようになり、これは騎士道精神と連動していたことがわかる。

第二章

『マネッセ歌謡写本』に見る騎士の紋章

1『マネッセ歌謡写本』とは何か

　これまで紋章と深くかかわる騎士の世界について断片的に触れたが、本章ではもう少し系統的に図像で騎士の紋章を説明しよう。その際に『マネッセ歌謡写本』（通常『マネッセ写本』とも表記）という恰好の資料がある。これは一三〇四年ごろ編纂され始め、それから一三四〇年にかけて改訂されたミンネゼンガーの肖像画付きの歌集写本である。

　これはスイスの騎士マネッセ父子が、当時のミンネゼンガーであったヨハネス・ハートラウプ（一三四〇年頃没）に依頼し、現在のドイツ、スイス、オーストリア、チェコ、スロヴァキアなど、ドイツ語圏の騎士を中心にした宮廷歌人の詩を収集・編纂したものだといわれている。写本には、編纂時から時代をおよそ一〇〇〜一五〇年も前にさかのぼり、一三世紀を中心とするミンネを称賛する歌人一四〇人の作品が、その精密彩色された一三七枚の肖像画とともに収録されている。一九世紀後半のドイツ統一の高揚期に、皇帝ヴィルヘルム一世やビスマルクが購入基金を募り、フランス国立図書館にあったものを高額の費用を出して一八八八年に買い取り、現在ハイデルベルク大学の所蔵となっている。

『マネッセ歌謡写本』は、前章最後で説明した吟遊詩人というよりは、宮廷歌人の詩集ともいうべきもので、大部分は王侯貴族出身の歌人の作品である。彼らが写本の中で重視したのは、騎士道を中心にした貴婦人への愛を謳ったミンネの詩である。これが『マネッセ歌謡写本』の特徴であるが、本書はヨーロッパの紋章を扱うので、その中から、詩ではなく、主に歌人の肖像画を中心に取り上げたい。というのもその大部分に紋章が描かれているからである。

　ただし写本の肖像画は、描かれた時期が実在の人物の活動時期からずれているために、どれだけ正確な人物像かどうか定かでない。それでも中世最盛期の王侯貴族や騎士の世界を知るためには、きわめて資料的価値が高いものである。そこから宮廷の実生活、衣服を含めた当時のファッション、騎乗槍試合、戦闘などが手に取るようにわかるからだ。

　これまで日本では、断片的に『マネッセ歌謡写本』の一部の図像が紹介されることがあったが、系統的にしかもカラー版で多数紹介されたものを筆者は知らない。図像学、紋章学の知識がなければ手に負えない対象だからであろう。その解明を試みたい。

　写本の肖像画を概観すると、全体的に同じタッチの画風で統一されている。中世ではふつう画家は名前を残さなかったので、この絵の作者はわからないが、かなり長期間にわたって写本が編纂されているから、同一の画家が一人で描いたものではない。似顔絵部門の工房では、親方が描いて手本を示し、弟子たちがその方針にしたがって協力して作成したものと推定される。まず写本の特徴を簡単にまとめておきたい。

◀1－1　神聖ローマ皇帝ハインリヒ六世（本章図版は、復元図等以外すべて『マネッセ歌謡写本』より）

◀1－2　ボヘミア王のヴェンツェル二世

人物像の顔や姿形はその人物の特徴を写実的に描こうとしていることがわかる。とくに女性については手のジェスチャーが多く、その人物の意志をこれによって暗示している。しかし自然の風景は写実的ではなく、木や花をデフォルメして、その特徴をクローズアップする画法を駆使している。さらに全体の構図は絶妙なバランスがとれており、彩色もたいへん魅力的である。

画像は制作を指導した人の画才を強く感じさせ、古臭さはまったくなく、現代のイラストレーターでも手本にできそうなものが多い。このような写実とファンタジーを絶妙に駆使した、中世の騎士の肖像画の世界を、以下鑑賞していただければ幸甚である。なお図像の説明において、通常の左右と紋章学でいう左右は異なるが、ここではまだ紋章学のルール（五四ページ参照）を説明していないので、通常の左右で示すことにする。

2　宮廷歌人と紋章

写本には身分の高位順に皇帝から登場し、最後は騎士ではなく従士や平民、ユダヤ人も少数存在する。トップは図1－1に引用した神聖ローマ皇帝ハインリヒ六世（一一六五～九七）であるが、皇帝は騎士にも叙任され、歌づくりも行ったので、王侯の頂点にいる人物として、敬意が払われている。歴史的にはその子、皇帝フリードリヒ二世が有名であるとはいえ、ハインリヒ六世も一一九一年には皇帝に任じられ、やがてシチリア国王を兼任した。

皇帝の紋章は、金地に黒色の単頭のワシで、ヘルメット飾りも同一である。これは実際の皇帝紋と一致し、本物であることがわかる。なお皇帝は金の皇帝冠をかぶり権威の象徴を示しているが、左端に剣を立て、騎士の身分であることも暗示する。右手に王笏をもち、左手には羊皮紙らしきものを抱えるようにしている。これは宮廷詩人であったことをシンボル化したものと解釈できる。

図1-2はボヘミア王のヴェンツェル二世(一二七一〜一三〇五)で、モラヴィア(メーレン)、ポーランドも支配した。紋章が左右の上に二つ描かれているが、向かって右がモラヴィアのチェック模様のワシ、左がボヘミアのライオン紋章である。ちなみに現在のチェコの国章もワシとライオンのマーシャリング(五四ページ参照)が用いられ、歌謡写本の伝統を受け継いでいる。ヴェンツェル二世も宮廷歌人でミンネゼンガーであったが、左右にいる宮廷官だけでなく、下部に小さく描かれた楽士たちも王を称えている。なお『マネッセ歌謡写本』では、身分によって人物の大小を書き分け、封建社会の人間観を示している。

このように写本の大部分の肖像画には、紋章および紋章飾り(完全紋章)などが書き加えられているが、これは騎士たちが実際使用していた本物の紋章なのかどうかが問題になる。神聖ローマ皇帝は別格としても、ボヘミア王をはじめ肖像画の大部分が王侯貴族なので、彼らの紋章は紋章図鑑を参照すれば、追跡することが可能であり、本物であることが確認できる。上級貴族の紋章は、当時の写本制作者も知っていたからである。しかしあまり有名でない下級貴族や騎士などは、その作業ができず不明のケースもある。

そうだとしても、ここからも紋章の成立プロセスを読み解くことが可能となる。すでに引用した皇帝や国王はライオンやワシなどの強い動物のシンボルを好んだが、これは紋章によって自分の威光を示そうとしたからで、ヨーロッパの王侯全体の紋章についていえる傾向である。すなわち紋章のシンボルを制定したり継承したりするとき、王侯貴族、騎士たちはお気に入りのシンボルや、主張したいポリシーを紋章の図案に取り入れていることが多い。

さらにあだ名(俗称)と紋章のかかわりも注目しなければならない。あだ名は中世の呼称の特性であって、有名な王侯でもフリードリヒ一世の「赤ひげ王」(バルバロッサ)や、フィリップ四世の「美男王」が有名で、リチャード一世は「獅子心王」という俗称で知られる。これらの名前は、国王の身体的特徴や特性を表すものであった。『マネッセ歌謡写本』でも、本名ではなくあだ名で表記されたケースがいくつも存在する。しかもあだ名と紋章の図案は密接にかかわっている場合が多い。このような特性は、紋章の成立の秘密を解くカギであるように思われる。

宮廷歌人やミンネゼンガーたちの紋章のモティーフや図柄は多様であるが、中には明らかに本名とあだ名の紋章が異なるものも存在し、どちらが正しい紋章なのかという疑問が生じる。というのも、ヨーロッパ紋章学では個人紋章はひとつで、複数紋章や他人紋章の盗用は禁じられてきたからだ。

しかし紋章成立初期ではそうではなく、まだ紋章官や紋章院制度(三八ページ以下参照)が確立しておらず、それぞれが恣意的に紋章を選んでいた時代があったため、実際のところ複数紋章もありえた。これはむしろヨーロッパ紋章発祥時の発展プロセスを示すものである。たとえばのちに中世後期から発達するギルド紋章も、職種や屋号を紋章に取り込んだ(九七ページ以下参照)ので、その際、日常使っていた道具などをシンボル化すると、当然、類似するものが生まれた。しかしその後、ギルド紋章の整理・識別が行われてきた。

もちろん支配が二つ以上の国に及ぶ王の場合には、それぞれの紋章を併記することが、紋章制度の確立後も続いた。『マネッセ歌謡写本』でも、下級貴族や騎士の場合、資料不足のため確認ができないものがあるだけではなく、もともとが誤認、誤記だった場合もあろう。そのようにいろいろな可能性があるが、筆者はあくまで『マネッセ歌謡写本』に描かれている紋章をもとにして、以下の説明をしたいと思う。

3 吟遊詩人と楽士

当時のミンネゼンガーについても少し触れておこう。それは大別すると三種類あって、

◀2　フォーゲルヴァイデと籠の鳥の紋章

一方では身分の高い宮廷歌人のミンネゼンガーと、下層の楽士、大道芸人たちがいた。その中間には、貴族出身であるが、宮廷を渡り歩く吟遊詩人も存在した。とくに後者については、貴族出身の吟遊詩人としてもっとも有名な人物にヴァルター・フォン・デア・フォーゲルヴァイデ（一一七〇頃〜一二三〇頃、図2）がいる。

フォーゲルヴァイデは、おそらく現在のオーストリア出身の、各地の宮廷を渡り歩いた詩人で、名前は「鳥の放牧場」という意味の俗称である。それはかれの出身地の名前という説が有力であるが、いずれにせよ紋章は籠に飼われている鳥をシンボル化し、紋章飾りも同一モティーフが用いられている。『マネッセ歌謡写本』の図には、詩人が詩作をしている光景が描かれ、衣服の青の濃淡が美しい。

当時、宮廷歌人からは既婚の貴婦人への精神的な愛を理想化するのが一般的で、これが「高いミンネ」といわれてもてはやされていた。しかし他方、そのような騎士道精神は不自然であるという見方があった。通常の恋愛は「低いミンネ」といわれていて、吟遊詩人フォーゲルヴァイデは後者に分類される。次のような恋のよろこびを歌う「菩提樹の下で」（赤井慧爾訳参照）という詩がある。

「菩提樹の下で」

野原にある菩提樹の下に
ふたりの寝床がありました
そこに見えるでしょう
花も草もきれいに
折られて敷かれているのが
森の周りの谷間で
タンダラダーイ
ナイチンゲールが
美しい声で歌うのです

水辺にいくと
そこに愛しい人はもう来ておりました
わたしは貴婦人のように　迎えられたの
だからわたしはいつまでも
幸せなのです
あの人がわたしにキスをしたのかですって
もちろん数えきれないくらい
タンダラダーイ　ごらんなさい
そのために　わたしの口が赤くなってしまったの

そこにあの人は
花で寝床をつくって
準備をしていたのです
だれかが同じ道を通ってやってくると
それを見てきっと心から笑うでしょう
バラの花でうまくつくったものだと
タンダラダーイ
わたしがどこに頭を置いていたのか
わかってしまうわ

あの人がわたしに添い寝をしていたことを

だれか知ったなら（ああそんなこと　とんでもない）
恥ずかしいわ
あの人がわたしと何をしたのかは
それはあの人とわたし
そして一羽の小鳥だけの秘密なの
タンダラダーイ
小鳥はきっと黙っていてくれるはずだわ

　吟遊詩人として宮廷を渡り歩いたフォーゲルヴァイデは、身分の低い素朴な娘との恋の歓びを、彼女の口を通じて表現する。ここで秘密と言っているが、逆説的にふたりの恋をどうしても黙っておれない心境を吐露している。瑞々しい感性がほとばしり出る詩であるが、美しい自然の情景描写と「タンダラダーイ」というリフレインは、青春の抒情詩としてフォーゲルヴァイデの名を後世に残すことになった。のちの恋愛詩は彼の歌風が主流になっていくからだ。

　フォーゲルヴァイデの詩にちなみ、ルビーン・フォン・リューディガーの画像を図3に引用したい。これは『マネッセ歌謡写本』の最後の方に登場する詳細不明の人物である。フォンが付いているから貴族であると早合点してはいけない。筆者はこの名前は本名ではないと推定する。その手掛かりとして、この人物がいったい何をしようとしているのか見ておきたい。

　彼は女性に森の中を指さし、彼女を誘惑しようとしている。中世では男女の交わりは森の中で行うことが多かったからである。フォーゲルヴァイデの詩もその情景を描いたものであったが、写本の女性はそれを知っていて、誘いを拒否している。その後どうなったのかわからないが、この場面を写本に載せているのは、下層の連中の行動しそうなケースを例示しているからと考えられる。

　写本の画家はそのことをよく知っており、あだ名を用いてそれをあてこすっているのではないか。すなわちリューディガーという男性名は存在するが、それにかこつけrüdeとい

▲3　森への誘惑
▼4　宮廷歌人で楽士の王、俗称ハインリヒ・フラウエンローブ

◀5－1　ヴァルトブルク城の歌合戦

◀5－2　フィドル弾きのラインマル殿

う「下品な」とか「野卑な」意味を含め、「野卑な奴」というあだ名をつくった。ルビーンも同様、これは宝石のルビーのことで、『マネッセ歌謡写本』の中にはもう一人同名の人物が登場する（図11―1参照）。それとの関連から見ればよくわかるが、これは高価なルビーの結婚指輪にちなんだ名前である。したがってルビーン・フォン・リューディガーというあだ名は、「結婚をちらつかせて野卑なことをする奴」という意図を込めていることがわかる。

そうすれば、この絵が写本中の例外的に、紋章が描かれていないということも理解できる。ほとんどの絵に紋章が記載されている写本の中で、逆に紋章がないこと自体が重要となっている。この人物は歌人ではあるが、騎士や貴族ではないからである。剣を差しているところからみれば騎士の従者で、身分の低いものと推定される。それはミ・パルティ（身頃の左右で色と柄が異なる衣服）と縞の服装（差別のシンボル）からも確認できる。このように一枚の絵からも多くの情報が読み取れる。

楽士の王

図4に引用したのは、マイセン生まれの宮廷歌人で楽士の王、ハインリヒ・フォン・マイセン（一二五〇から六〇～一三一八）、あるいはハインリヒ・フラウエンロープとも俗称されていた人物の肖像である。フラウエンロープはドイツ語で「女性をほめそやす（人）」という意味のあだ名である。それはミンネの思想の根源であり、冠をかぶった貴婦人の紋章のモティーフからも理解できよう。むしろあだ名をあえて紋章化していると推測できる。さらに楽士の王というのは、着ているアーミン（毛皮模様）からも高貴な身分が推測できる。これは王侯だけが着ることができた最高級品であったからである。

ただしこの人物は本名の別紋章を持っており、詩作のときにだけこの紋章を使っていたのかどうかはわからない。先述のように紋章官制度が確立するのはそののちのことであり、紋章規制がどの程度であったか不明であるからだ。

彼は楽士の頂点に立ち、そのギルド（同職組合）の前身を取り仕切っていた。図4では配下の楽士が中世弦楽器のフィドル（ヴィエーレ、ヴァイオリンのルーツ）を持って実演しながら、まわりの弟子たちを指導している様子が描かれている。フラウエンロープはのちのマイスタージンガーの先駆けのような人物である。なお当時の楽士は、人びとに注目されるように、目立つ縞模様やミ・パルティの服を着ていた。前述したが、やがてこの模様は大道芸人が社会的に差別されるシンボルともなった。

宮廷の中では、騎乗槍試合に準じて、吟遊詩人たちを競わす歌合戦も行われた。図5－1はヴァルトブルク城の歌合戦（一二〇〇年頃）にかかわった人びとを描いたものである。この城は、のちにルターが聖書をドイツ語に翻訳した場所でよく知られている。図の上半分にチューリンゲン方伯ヘルマン（右）、その横に夫人ゾラーが座っている。紋章学的には、向かって左が優位であるので、これはミンネのしきたりに則っている。

図5－1の下段に描かれているのは歌合戦に参加したミンネゼンガーで、中央にいるのはハンガリーのクリングゾールである。ここにはドイツ文学史にも名を残している、前述のヴァルター・フォン・デア・フォーゲルヴァイデ、ヴォルフラム、老ライマールも参加していたが、それぞれの人物は特定できない。

この歌合戦では敗者は処刑されるという条件であったが、貴婦人のとりなしで敗者は処刑を免れたという逸話が残っている。おそらくこれは、貴婦人の心の優しさを称賛するために創作された伝説と思われる。

なおこの絵は、王冠などかぶり物に注意を払っているのに対し、例外的に紋章は描かれておらず、その理由は定かではない。なおワーグナーの『タンホイザー』では、この歌合戦にタンホイザーも参加していたとされているが、それは史実ではなく、一九世紀のワーグナーの創作である。

吟遊詩人たちは、中でもアーサー王をテーマにした『聖杯伝説』『トリスタンとイズー』などを宮廷に広め、騎士道ブームを巻き起こした。また『薔薇物語』（前編一二三五～四〇頃、後編一二七五～八〇）などは宮廷恋愛作法を描いたもので、宮廷人の人気作品であった。このような騎士の「ミンネの思想」は、吟遊詩人によってヨーロッパ規模へ広められた。

図5－2も「フィドル弾きのラインマル殿」というタイトルが付けられており、本名というより俗称で紹介されている。その詳細は不明であるが、彼は一三世紀の吟遊詩人であった。詩作だけでなく歌唱もうまく、ここではその音楽に合わせて女性ダンサーが踊り、貴婦人らしき人が歌っているのであろうか。紋章は青地をバックにした金色のフィドルであり、得意とする楽器をシンボル化している事例が読み取れる。

4 騎士はどのような日常生活を送っていたのか

『マネッセ歌謡写本』の一三七枚の肖像画を大別すると、宮廷の日常生活、恋愛、騎乗槍試合、従軍などがテーマになっている。これらのうち、まず「狩猟風景」「騎士の日常生活」について確認してみよう。

狩猟風景

狩りは中世以来、王侯貴族だけに許された特権であり、最高の気晴らしであったので、彼らは領地の森に、独占的な狩猟場を設けていた。なおタカ狩りは、ヨーロッパでも、王侯貴族の間でもっとも人気がある娯楽であった。これは一種の戦争やスポーツの模擬的意味を持つものとされ、ここで作戦方法や動物との駆け引き、勇猛心などを培っていたのである。図6－1はハインリヒ・フォン・マイセン辺境伯（一二一五～八八）のタカ狩りの光景を描いているが、辺境伯はマイセン生まれとされ、ミンネゼンガーでもあった。

辺境伯のタカは、カモを狩っているようにみえる。小姓が地面を指さしているのは、獲物を狩ったタカにはすぐ餌を与えて獲物とすり替えなければならないからである。そのタイミングがずれると、タカは獲物を横取りされたと思い、飼い主に不信感を持つという。なお紋章はデフォルメされているが、黒色の立像ライオンであり、黄色に見えるフィールドは、実際では金色である。絵の外枠を飾るツル状の植物文様も華やかな雰囲気を醸し出している。

図6－2の人物はハンガリーの貴族とされているが、ドイツ語表記ではコンラート・フォン・ザネックであろうと推測される。一二世紀前半の貴族でミンネゼンガーであったということしかわからない。彼は角笛を吹き、小姓と犬を連れて狩りに出かけている。この絵は彼の犬がシカを追い詰め、かみついているところが描写されているが、動物たちの調教は騎士にとって戦場の駆け引きと同様であったので、狩りは実戦の訓練の場として重視された。

夏は主にシカ狩り、秋や冬はイノシシ狩りが中心であった。獲物は料理され、貴族たちのパーティにおいて従者にもふるまわれた。なお紋章は、青地に銀色のクロテンのクッションであり、ヘルメット飾りにも同じモティーフが使われている。以下の紋章でも同様であるが、銀色は多くの場合、塗料の酸化のためか濃い灰色に変色している。なお紋章学では銀色は白で代用されることもあった。

図7－1はチューリンゲン地方のミンネゼンガー、ハインリヒ・ヘッツボルト・フォン・ヴァイセンゼー殿（一四世紀前半）のイノシシ狩りの光景を描いたものである。ちょうど巨大なイノシシを仕留めたところであるが、狩猟仲間のうち、よじ登った木から降りようとしている人物は、木の上からイノシシの動向を追跡していた役割であったことがわかる。三匹の猟犬も生き生きと描かれ、そのうち一匹は傷を負っている。なお紋章は青と銀色の斜線に金色の五弁のバラをあしらったものである。

図7－2はハヴァルト殿と書かれているが、おそらくバイエルンのホルツシュヴァング出身とされる。かつてクマ狩りは中部ヨーロッパでもよく行われていた。とくにクマは毛皮と食用の肉が好まれ人気があったので、戦利品としての価値の高い動物とみなされた。ただしそれは危険な狩猟であり、通常、二人以上でするのが常であった。この図のように、一対一で戦うのは騎士の特別の武勇を物語るものである。

ハヴァルト殿の先祖がクマ狩りで武勇を馳せ、それを誇りに紋章にも取り入れたものと考えられる。紋章にも金色の素地に黒いクマが描かれ、その周囲を赤で縁取りしており、ヘルメット飾りにも、同様なクマとその色彩が用いられている。クマは一種のトーテム獣で、ハヴァルト家の守護神ともなったのである。

図8はペッフェル殿という人物が貴婦人と一緒に魚釣りをしている光景が描かれているが、詳細は何の説明もない。紋章とヘルメット飾りは貴婦人がシンボル化されているので、これは騎士の身分であったと推定される人物である。詩歌が残っていたので、歌謡写本に登場したものと考えられる。

なおヨーロッパ中央部の川魚といえば、川マスやコイが一般的である。しかしこの絵が正確なら、背びれの位置と口の恰好から推測すると、淡水のスズキ科の魚種であるようにみえる。中世ではキリスト教の教義が絶対的であり、金曜日や断食日は肉食ができなかったので、内陸部では現代人が考える以上に川魚がよく食べられていた。

騎士の日常生活

図9－1では貴族出身の歌人ヤコブ・フォン・ヴァルテ殿が野外で入浴している優雅な光景が描かれているが、中世では朝方に入浴する習慣があった。ここでは戸外へ風呂桶を設営し、湯船に花びらが撒かれ、ヴァルテはマッサージを受けている。鍋、湯を沸かすためのフイゴなどもリアリティがある。これは彼が客人として丁重にもてなされている光景と解釈されている（オットー・ヘンネ『騎士の歴史』参照）。

古代ローマの浴場文化はローマ帝国の衰退とともに廃れたが、中世ヨーロッパの宮廷貴族の館では、木製の大型タライで入浴するこ

▲7−1　イノシシ狩り　▼7−2　クマ狩り

▲6−1　タカ狩り　▼6−2　シカ狩り

◀10−1 石投げ

▶8 貴婦人と魚釣り

▶9−1 優雅な入浴

◀10−2 ヘルメットの修理

▶9−2 チェス遊び

とが多かった。騎士のたしなみとして、風呂の習慣が宮廷に広がったという。客人を接待する作法として、風呂に入ってもらうのは最高のもてなしとされた。なお彼の兄はアルブレヒト一世殺害にかかわったため、車裂きの刑（当時の極刑）に処せられている。紋章は地味な抽象模様であり、分割は紋章制作時における裏張りの補強材の交差を示している。

　図９－２は、ブランデンブルク辺境伯であったオットー四世（一二三八～一三〇八／九、共同統治）がチェスをしている光景である。ブランデンブルク辺境伯は一一五七年に創設され、神聖ローマ帝国の北方の守りとして重視された。代々銀色のフィールドに赤色の単頭ワシを紋章としたが、この紋章でも銀色は劣化している。絵の枠の部分は青色に金の星がちりばめられているが、それは夜を暗示しているのであろうか。

　なおチェスは、インドのチャトランガがルーツといわれ、一〇世紀頃、イスラーム地域を経て十字軍の兵士を介してヨーロッパに流入した。ヨーロッパの宮廷で流行り、象の駒がビショップになるなど、そのルールはヨーロッパ風に変化したが、駒は高価な象牙製のものもあり、王侯貴族の間でも人気のある遊戯であった。さらにここでも楽士が下方に小さく描かれており、おそらく彼らは宮廷で楽士の演奏も楽しんだものと考えられる。

　図10－１はフォン・リエンツ城伯が石投げをしている情景を描いている。城伯はオーストリアの東チロルのミニステリアーレ出身で、歌人でもあった。彼は大きな石を投げようとしているところである。これは『ニーベルンゲンの歌』でも描かれているので、城内でよく行われていた競技であることがわかる。

　たとえば『ニーベルンゲンの歌』に登場するブリュンヒルトは、才色兼備であるだけでなく、女傑でもあって、結婚相手の条件として石投げ、槍投げ、立ち幅跳びの競技をして、自分に勝ったものでないと結婚しないと宣言した。騎士は体力にも優れていることが必須であり、事実、籠城の場合、城から石を投げるのも作戦のひとつであったからである（図27－２参照）。そのため石投げという一種の砲丸投げのようなスポーツが、平和時に城で行われていたのであろう。

　上部に描かれている紋章は金色の五弁のバラである。その由来から現在でもオーバーリエンツの紋章はバラ紋が受け継がれている。ただしフォン・リエンツ城伯には別の紋章もあって、どちらが正式紋章であったのか不明である。ヨーロッパ紋章の発祥期のことであるので、紋章のルールが確立されていなかったのかもしれない。

　図10－２は、ミンネゼンガーのハルトマン・フォン・シュタルケンベルク殿が騎乗槍試合の後、ダメージを受けたヘルメットをヤットコと金槌を用いて修復している図である。シュタルケンベルクの経歴は特定できないが、右側に先端が三俣の槍が立て掛けられているところから、明らかに騎士である。当時の騎士は手仕事を自ら行った。その労をねぎらうために、婦人が食事と飲み物を運んできている。紋章は黒犬であるが、これが用いられたのは、騎乗槍試合の勇敢な戦いぶりからか、あるいは主君に忠実な臣下であることをシンボル化したものかもしれない。ヤットコや金鎚の道具は、その後、中世後期から鍛冶職人のツンフト紋章にも用いられた。

5 騎士の義務と紋章

ミンネ（愛）を求めて

　図11－１は何の説明もなくルビーン殿としか書かれていないが、彼は南チロルのミニステリアーレ出身であったとみられている。ここではルビーンがクロスボウを用いて貴婦人を射ようとしているようにみえる。弓には恋文が付けられており、彼はどうやら左側の貴婦人を狙っているらしい。

　ルビーンの想いは紋章に込められており、青地に赤いルビー付きの指輪が紋章とヘルメット飾りに用いられている。騎士のルビーンという名はドイツ語で宝石のルビーのことであるので、名前はあだ名であって本名ではない。ルビーは中世ではダイヤモンドより高価な宝石であり、高貴な人びととの結婚指輪に用いられた。これからもルビーン殿は彼女に求婚をしている光景であることがわかる。

図11－2はスイスの貴族の伯爵の家系で、ミンネの詩人であったクラフト・フォン・トッゲンブルク殿を描いたものであり、今日でもスイスには、トッゲンブルク地方という名前が継承されている。ここで彼は、梯子を掛け貴婦人を呼び出しており、彼女から花輪をプレゼントされている。どんな苦労をしても貴婦人の愛を得ようとしている姿が描かれている。紋章は図鑑ではいろいろ変化しているが、一二二八年以来、フィールドが金色で、黒い猟犬が口を開け、赤い舌を見せている姿がシンボルとされた。

紋章のシンボルの猟犬は、この騎士の立場を表している。騎士は主君に仕え、命令通り忠実に行動することを求められた。とくに狩りは戦闘と同様であり、黒い猟犬は有能な臣下の手本を意味しているものと解釈できる。赤い首輪に棘が見えるのは、獲物に襲われたときの首の保護の役割を果たしているが、それはのちに赤から黄色に変わった。ヘルメット飾りは二匹の魚を角に見立てている。

図12－1は、一三世紀半ばのミンネゼンガーのクリスタン・フォン・ハムレ殿が、ゴンドラに乗って貴婦人の館へ忍び込もうとしている図である。ヨーロッパ中世において、教会や塔の建設では、天空を目指すゴシック様式が一世を風靡した。その建築を可能にしたのは、滑車や小型ゴンドラの巻き上げ装置であり、職人たちはギルドの中でその技術を継承していった。

当時の大聖堂の建築現場を見れば、ここに描かれている光景は荒唐無稽なものではなく、日頃目にする装置を図版に取り入れたものであることがわかる。もちろんゴンドラは、建築資材ではなく愛を運ぶものと化している。ミンネの詩人は歌によって自分の気持ちを相手に伝えるのを得意としていたので、彼は下から合図の言葉を発したのであろう。イタリアのセレナータも、二階以上に住む女性への愛を込めて歌う歌であったが、その光景も連想させる絵である。

なおこの騎士の紋章は、銀色で描かれたグロスク織（紋織）の鋭角のシンボルが赤色を突き刺すような図案になっている。この織物が使われたわけは、楯に布地を貼り付け、補強したことに由来する。これも楯の紋様の成立を物語るものである。多くの紋章と同様に、ヘルメット飾りも銀色で描かれている。

図12－2は、貴婦人の館の前で、小間物商が装身具や小間物を売り込んでいる光景が描かれている。しかし実は小間物商は、変装したディートマル・フォン・アイスト殿であって、彼はオーストリアの男爵家の出身のミンネゼンガーであった。貴婦人に接近し、その歓心を買うために行商人になりすましている。このモティーフは『白雪姫』にも登場し、変装した継母が白雪を殺そうとして櫛、紐、リンゴを売りにくる話は有名である。

貴婦人は犬を抱いて品物を物色をしているが、彼は彼女が選んだ品をプレゼントするつもりである。彼の紋章はユニコーンで、それは貴婦人の属性でもあった。青地に銀色の図は見にくいので、その紋章の復元図を引用しておこう（図13）。これを見れば本来の銀色は濃い灰色に変色していることがわかる。

図14はスイスの一三～一四世紀のミンネゼンガーのロスト殿という、ザルネン（地名）の教会の主を描いた絵であるが、彼は僧籍にあったといわれている。ロスト殿は戸外で女性が糸で布を織っているところへにじり寄り、その右足を触っている。当時の宮廷の貴婦人たちは、糸紡ぎ、機織り、刺しゅうをたしなみとしていた。ロスト殿はその女性にちょっかいを出したものであるから、彼女は怒って彼の髪の毛を摑み、右手に持った木製の織物ナイフを振り上げている。

ナイフは本来、糸を切るためのものであったが、ここでは威嚇して、髪の毛を切ろうとしているようにも見える。紋章は復元図（図15）を見ればよくわかるが、鉄製のグリル器をシンボル化しており、赤い色の縁取り（ボーデュア）にバラ科の五弁の花をあしらっている。そうするとタイトルのロストという名前は、ドイツ語の焼き網、すなわちグリルというあだ名であったことがわかる。赤い色は

▶11－1　クロスボウで恋文を射る

火炎をシンボル化したものであった。

　なお串焼き器は本来は焼肉用であるが、中世では拷問にも用いられた。したがってこの紋章は、僧侶の姦淫の罪に対する警告ともとれ、ここから中世人のユーモアの利いたエスプリを感じ取ることができる。本人が存命中ならこのような絵が描けなかったが、故人の

◀12－1　ゴンドラを使って貴婦人の館へ忍び込む

▶11－2　梯子を掛けて貴婦人の元へ行く

歌集を収録したものであったので、うわさをもとにこの絵は日の目を見たのである。

　図16－1は東部スイスのミンネゼンガー、コンラート・フォン・アルトシュテッテン殿である（一二〜一三世紀）。タカ（ハイタカ）狩りの合間に、貴婦人の膝にもたれて逢瀬を

◀12－2　小間物商に扮して貴婦人に接近する

楽しんでいる場面がクローズアップされているが、タカ狩りに婦人も同行することがあった。二人の頭上に花開く五弁のバラは愛のシンボルである。それはデザイン的に二人を包むように覆い、華やかな雰囲気を醸し出している。図16－1では女性が愛情を示し、アルトシュテッテンは鷹揚にそれに身を委ねている。ここでは男女の愛を描いており、ミンネの詩人が賛美した精神的な愛ではなく、通俗的な男女の関係を示している。色彩豊かな写本は、当時の宮廷の優雅な生活を彷彿とさせる。ただしその華やかさと対照的に、騎士の紋章自体は地味な抽象図形で、銀色のフィールドに抽象的な二本の帯をデザインしたものである。

　図16－2はスイスのミンネゼンガーであったヴェルナー・フォン・トイフェン殿が描かれた図である。タカ狩りで騎行している貴婦

▲13　ユニコーン紋章の復元図

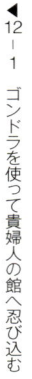

◀16－1　タカ狩りの合間の逢瀬

◀16－2　貴婦人の騎乗した馬に寄り添うヴェルナー・フォン・トイフェン

▶14　お仕置き

▲17　白鳥紋章の復元図

▲15　紋章のグリルの復元図

人に寄り添い、今にも女性の馬に乗り移ろうとしているようにもみえる。図16－1では女性側からの愛情表現であったが、ここでは男性の求愛がテーマになっている。そのシンボルはタカであって、天空を舞い、獲物を仕留めることを暗示しており、恋を仕留めるシンボルともみなされてきた。

そのためトイフェンの紋章はタカと誤解す

る向きもあるが、実際はそうではない。トイフェン家のシンボルを確認すれば、変遷をたどっているが、白鳥がクローズアップされる（図17参照）。白鳥が濃い灰色であることを疑問視する向きには、これまでにも説明してきたように、銀色の経年劣化を想定していただきたい。ちなみに復元した元の紋章は、赤のフィールドに、銀色の白鳥が羽根を広げたものであり、ヘルメット飾りも同様である。

キリスト教への深い信仰心

図18－1は宮廷歌人ヘッソ・フォン・ライナーハ殿で、生没年もおよそ推定されている（一二三四～一二七六／八四）。スイス北部のアールガウ生まれで、ハプスブルク家に仕えるミニステリアーレから貴族となった家系である。彼の生涯は不明の部分が多いが、晩年は教会の慈善事業施設の仕事にかかわった。そこで身体障碍者、貧者などをいたわり、この絵に描かれているように、彼らを援助した。弱者救済はキリスト教の教えであるのはいうまでもないが、それは騎士道のひとつでもあった。紋章は金色に頭が青色、胴体は赤、尻尾が立ったライオンである。

図18－2では、跪いているのがエーヴァーハルト・フォン・ザックス殿である。彼は一三世紀末から一四世紀にかけて生きた、スイスの貴族出身のドミニコ派の修道士であり、抒情詩人でもあった。もう一人の兄弟ハインリヒ・フォン・ザックスも『マネッセ歌謡写本』に登場する。両者ともまったく同一の紋章、紋章飾り、すなわち赤と金の分割紋章でクマのヘルメット飾りを付けている。紋章学が発達してからは、イギリス紋章学では兄弟ですら同一紋章が許されなかったといわれてきたが、ヨーロッパ大陸ではそうではなかった。

エーヴァーハルトはとくに聖母マリア崇拝で有名な人物であって、この絵も詩を唱えながら、マリアに祈りを捧げている。もともと貴婦人への愛という騎士道精神も、前述のようにそのルーツにマリア信仰があった。キリスト教への深い信仰の根底では、マリア信仰と騎士道精神とは相通ずるところがあったといえよう。

図19は、フォン・レーゲンスブルク城伯が老人の被告に、レーゲンスブルクからの退去命令の判決を言い渡しているところである。巡礼用の杖を持っているので、老人は何かの理由で贖罪の旅に出かけると解釈できる。左に二人の裁判官がいて、そのうちの一人が権威のシンボルである剣を持っている。右の三人の証人が城伯に証言している……、というのが表面上の解釈である。ところがこの絵にはもっと深い意味が隠されている。それを解くカギは、文字通り紋章の二本の交差した鍵にある。

これは、キリストが聖ペテロに委譲した天国と地獄の鍵であって、神の権威のシンボルであった。この話は聖書にも書かれ、よく知られている。それをキーワードにして読み解けば、退去を命じられた老人は、城伯の老後を表し、現生の罪を滅ぼす贖罪の旅に出る城伯の願望を暗示している。証人の三人は息子たちで、そのうちの一人が後継者の城伯として統治する。この絵は二重の意味を持つアレゴリーの深い宗教的解釈が可能である。

6 いざ戦いへ

騎乗槍試合

図20－1は、一三世紀のスイス出身のミンネゼンガーのウィンリ殿がこれからトーナメントに参加するため、ヘルメットをかぶり、楯を持って乗馬するその直前の光景を描いている。トーナメントの試合では、このようなテントがよくしつらえられた。左端の楯を持っている女性が、ウィンリが愛を捧げる貴婦人である。また彼女は、試合の前に渡された愛の印の宝石付きの指輪を左手に掲げている。しかし彼は貴婦人のもとを離れがたく、指輪と彼女をじっと見つめており、彼女の方も楯を渡そうとせず、握ったままである。なお騎乗槍試合では貴婦人は思いを寄せている騎士に、ハンカチや小袖などをプレゼントした（四〇ページ参照）。

右側の侍女がヘルメットと飾りを持って、逆に出発を促している。右下に騎士の馬が描

▶18－1　弱者へのいたわり

▶18－2　マリア信仰

▶20－1　トーナメント前の風景

かれ、紋章の付いた馬衣がかぶせられているが、暴れるので小姓が制御しようとしているところである。紋章は赤のレイブル付き（五五〜五八ページ参照）の星をシンボル化したもののようにみえ、ヘルメット飾りにも同じモティーフが使われている。

▶19　レーゲンスブルク城伯と鍵のシンボル

図20—2の絵は、南ドイツのシュヴェービッシュ・ハル出身のミンネゼンガー、シェンク・フォン・リンブルク殿である。かれは女性を称えるAMOUR（ドイツ語発音ではアムール・愛）のAのシンボルを染め抜いた緑色の衣服を身にまとい、貴婦人からヘルメット飾りを押し戴いている。これから騎乗槍試合に出場するのであろう。木の上に留まっている鳥は左がクジャク、右がタカであるが、前者は不死、後者は獲物を狙う精悍さのシンボルで、この貴婦人とリンブルクの両者を表している。なお紋章は青地に三つの戦闘用武器である。

図21は南西ドイツかスイス出身のハルトマン・フォン・アウエ殿（一一六〇から六五頃〜一二一五頃）である。彼は学識豊かな詩人として、とくにドイツ文学では『哀れなハインリヒ』や『イーヴァイン』などの作品で知

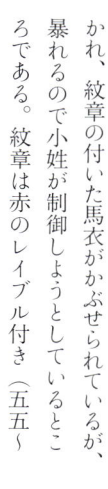

られ、十字軍にも従軍した騎士でもあった。『マネッセ歌謡写本』では青地のフィールドに三羽の白いワシの頭部を描いた紋章と、黒いワシのヘルメット飾りを付けて、おそらく騎乗試合に参加する途中と見受けられる。馬にもワシの頭部をデザインした馬衣が着せられ、背後には赤い五弁のバラが描かれている。それは愛をシンボル化したものであるが、全体の構図は、躍動感があふれながら、バランスが取れて美しい。

　図22はスイス生まれのミンネゼンガー、ヴアルター・フォン・クリンゲン殿（一二四〇頃〜八六）が、騎乗槍試合で相手を打ち破った場面を描いたものである。試合では相手を落馬させると勝ちであった。上段の見物席では騎士を応援している五人の貴婦人が、表情豊かに描かれている。どうやら右の三人はクリンゲンを応援しており、勝利の指を差し出しているが、左の二人は敗者を応援していたのでがっかりしている様子が見て取れる。なお紋章はこの図では不鮮明であるので、図23に復元図を引用しておこう。これを見れば黒のフィールドに立像のライオンが描かれ、ヘルメット飾りはクジャクの羽根をシンボル化しているのがわかる。なお当時のしきたりどおり、馬衣にもライオン紋章が用いられている。

◀20—2　貴婦人からヘルメットを拝領する騎士

　図24は勝利した騎士の顕彰場面を表している。貴婦人が上位に位置し、騎士がバラの花輪を拝領しているので、女性上位を示す。騎乗槍試合の槍は、愛を捧げる貴婦人へのキューピッドの矢と同じ役割を果たすものであった。騎士はその勝利によって、貴婦人の愛を獲得できることを望んだ。

　この騎士は、シュレージエン＝ブレスラウ大公ハインリヒ四世（一二五六頃〜九〇）であって、右にキッパー（主君を補佐する「殴り役」の下僕）がいるところから、トーナメントの勝者であることがわかり、また槍持ち、ヘルメット持ちの側近を従えている。さらに馬衣にはアモールの文字と、楯の紋章のワシがデザインされているのがみえる。騎士道の愛の精神を顕彰する典型的な絵である。紋章は復元図（図25）でもわかるように、金のフィールドにワシが描かれている。なおハインリヒ四世の肖像画も残っているので、図26に引用するが、『マネッセ歌謡写本』のそれと似ているかどうか。いずれにしてもノーブルな美男子で、左手に持つ楯には一部単頭のワシが見える。

実戦へ

　ミンネザングの騎士といっても、実際に戦闘にも参加した。一二八八年にドイツとオランダにまたがるニーダーライン地方で、相続争いによるヴォーリンゲンの戦いが起きた。図27—1は、ライオンのシンボルを掲げるヨハン・フォン・ブラバント公（通称ヨハン一世）が、ルクセンブルク伯ハインリヒ六世に勝利した、その戦いの様子を描いたものである。向かって右側に、騎馬をそろえて勇敢に戦うブラバント側の騎士たちがクローズアップされている。なお、実際の戦闘では小型旗バナーは用いられたが、馬衣などはミンネザ

▲21　いざ騎乗試合へ
◀24　貴婦人からの勝利のプレゼント
▼22　騎乗槍試合での勝利

ング風に脚色している。

図27－2は城の攻防の場面を描いており、守る側の城の上から岩石を落とし、弓矢で敵を狙い撃ちしている。攻めるほうも、弓矢、打ちこわしの斧などで攻撃している。城を守っているのはミンネゼンガーのデュリング殿であるが、彼に関しては歌しか残されておらず、おそらくチューリンゲン出身くらいということしかわからない。しかしここにあるような青地に魚のシンボルを描いた楯、二匹の

▲25　ハインリヒ４世の紋章の復元図

▲23　クリンゲンの紋章の復元図

魚をあしらった立派な威嚇するようなヘルメット飾りなどからは、この人物が騎士身分であったことをうかがわせる。図27－2では、貴婦人まで戦闘に加わっており、攻めるほうにも、楯とバナーを持ったまま戦死している騎士も描かれている。

　騎士階級が脚光を浴びたことで、宮廷を遍歴する吟遊詩人にも、十字軍に参加したものも何人かいたとされる。そのひとりにタンホイザー殿（一二〇五～六七頃）が挙げられる（図28－1）。彼はバイエルンの上部プファルツ地方出身であったが、ウィーンのフリードリヒ二世の宮廷に逗留していた。やがて贖罪をかねてローマへ巡礼し、さらに十字軍に参戦した。ここに描かれているのはドイツ騎士団の制服を着た姿である。騎士団は聖地巡礼者の保護を目的に設立され、シンボルは白地に黒の十字である。タンホイザーは、帰国してから吟遊詩人としても名を馳せた。紋章は二分割の黒と金の単純なものである。

　図28－2はフリードリヒ・フォン・ハウゼン殿（一一五〇から六〇～九〇）で、ライン

◀27－1　野外戦の騎士たち

▶26　ハインリヒ四世の肖像画

◀27－2　城の攻防

▶28−1　ドイツ騎士団のタンホイザー

フランケン地方出身の初期ミンネゼンガーで、第三回十字軍に皇帝フリードリヒ一世（バルバロッサ）に同行して参戦した。その途上の地中海航海の情景を『マネッセ歌謡写本』は描いている。帆船は優雅にデフォルメされ、地中海を航行しているが、船の下方の海中に彼が創作した騎士道物語の世界が展開されている。

　ただし十字軍に参戦しているので、本来、所有しているはずであったはずの紋章が、ここには記載されていない。その理由として、肖像画家が彼の紋章を確認できなかったことが考えられる。筆者もいろいろ探したが見つけることができなかった。なお彼は一二九〇年五月六日、イスラームとの戦いにおいて、落馬して戦死した。

『マネッセ歌謡写本』の現実離れしたようなファンタジーの世界とちがって、実際には十字軍の目指すエルサレム攻略において、過酷な戦闘が繰り返されてきた。図29はその模様を伝える写実的な絵である。この絵をよく見れば、エルサレム攻略の実態が描写され、紋章の描かれた楯も不可欠な武器であったことがわかる。

◀29　エルサレムを攻撃する十字軍の騎士たち

▶28−2　地中海を航行するハウゼン

第三章 紋章官の登場とトーナメント

1 紋章官の登場と役割

　先述したように、騎士たちが楯を持って戦うようになり、紋章も継承されるようになった。その継承の際、個人主義が強かったヨーロッパでは、紋章は個人を表すシンボルという考え方が広がった。その結果、同一紋章の使用を許さず、登録制にしたので、紋章を統括することを旨とした紋章官が必要になる。とくに戦場では、描かれた紋章を瞬時に読み取り、人物を特定することができる紋章の知識を持った人材が求められた。

　こうして一二〜一三世紀頃から、紋章官がイングランドやフランスの王室、神聖ローマ帝国などの宮廷内に任用されるようになった。紋章官は戦場ではたえず主君の傍に控え、参謀本部の司令塔の役割を担い、さらに休戦や和平の使者にもなって敵と交渉した。最初紋章官は、戦場では司令部付きの仕官で、身分の低い従者にすぎなかった。ただし非戦闘員であるので、捕虜になることはないという慣例が広まった。

◀1　主君の紋章衣を着る神聖ローマ帝国の紋章官

　平和時には、紋章官は紋章を管理する役割を担ったが、具体的には、紋章の誤用、盗用を規制することを職務とした。また新しい紋章の登録を受け付け、登録料を徴収した。さ

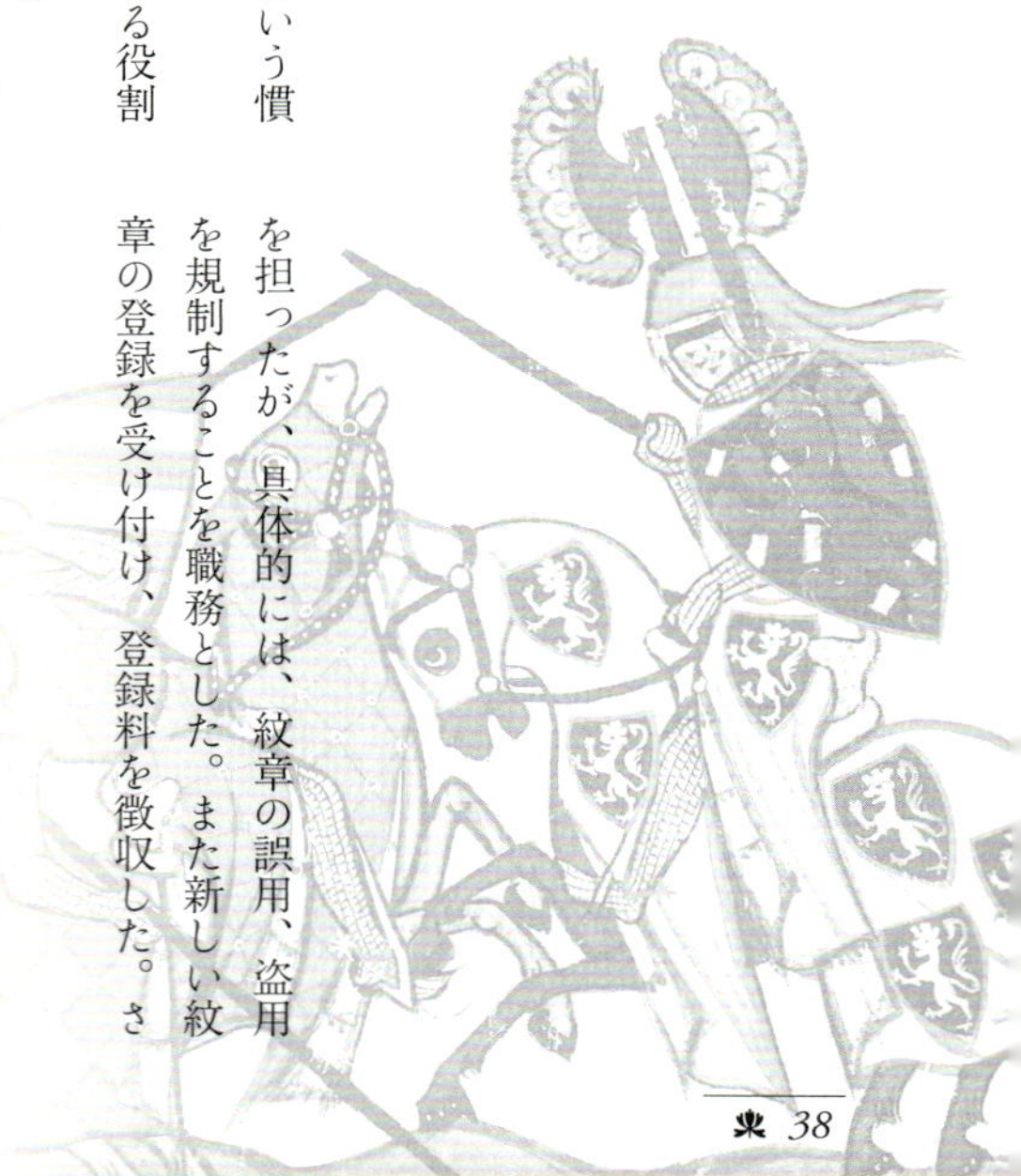

らには紋章図鑑の編纂も手掛けている。

　さらに中世ヨーロッパでは、実戦を模した騎乗槍試合、とくにトーナメントがよく開催されたので、その際、紋章官がこのエンターテインメントを実質的に運営した。まず日程の設定、試合の前後のパーティの企画、試合の審判（レフェリー）などの中心的な役割を担った。これらは主君の意を汲んで実施したが、紋章官はしだいに主催者である王侯の側近として重用され、王侯の紋章衣を着用するようになった（図1）。

◀2　宿泊地のバナーと紋章

　主要国の王室には、幾人かの紋章官を擁する紋章院が成立したが、中でもイングランドがもっとも早く、一四八四年にリチャード三世が紋章院を創設している。それは紋章総裁一名、上級紋章官、紋章官、紋章官補で構成されていた。ヨーロッパ大陸でも、神聖ローマ帝国皇帝や国王たちは紋章院を創設し、紋章官の権威も上昇した。一六世紀以降、紋章が衰退期に入ると紋章院は閉鎖され、ヨーロッパではほぼ唯一、イギリスの紋章院だけが実質的に存続している。その後の紋章は、好事家や少数の文献学者が細々と研究をする対象となった。

2 トーナメントの準備

　騎乗槍試合は一二世紀頃から始まった。平和時には騎士の戦う試合は、実践訓練と宮廷人や民衆の娯楽を兼ねていたが、しだいに王国領外にまで規模が拡大した巨大なイベントとなった。騎乗槍試合の主催は王侯が行い、婚礼などの祝祭行事の余興のひとつとして企画される場合も比較的多かった。試合は、団体のトーナメント形式のものが歴史的に古い。その後、単独戦の一騎打ちが、トーナメントの前哨戦として、プログラムに組み込まれるようになった。

　騎乗槍試合は王侯の気前の良さや権力を誇示する場であり、スポーツ・娯楽的な要素が強かった。参加する騎士たちにとっては、試合に勝利すると、栄誉だけでなく身代金や馬や兜などの戦利品を入手でき、たいへんな収入になった。また強い騎士は、有力な領主への仕官の可能性もあったから、魅力的な行事であった。これには主催者側や参加者側だけでなく、貴婦人を含めた見物する側も、観戦を好んだので、非常な人気を博した。

　騎乗槍試合はもうひとつには、名誉を傷つけられた者の威信をかけた決闘裁判的な役割も果たした。騎士同士の名誉をかけた決闘のケースだけでなく、国王同士が相手国から挑発を受けると、意地をかけてその決着をはかろうとしたものや、臣下の争いの決着をはかるものもあった。これらは裁判の代わりの判決的な要素が強い特性を持っていた。

　ヨーロッパ中世史の騎乗槍試合にはさまざまな要素が混在していたので、試合の特性を見きわめるには注意を要する。ただし参加者に共通するのは騎士道精神であって、実戦よりも、ルールを決めた試合の方がそれをアピールできたから、人びとは試合に熱中した。ただ、その際死傷者が出ることもまれでなく、教会ではその野蛮な行事を非難した。しかしそれはほとんど無視され、一四世紀頃までは騎乗槍試合の人気は衰えることはなかった。これが衰退するのは、武器の発達や戦闘方法の変化によって、騎士が戦闘の主役ではなくなり、それとともに紋章が衰退してからである。

　騎乗槍試合の手順として、まず領主と紋章官長が試合のレフェリー役を四人選定した。通常、試合は紋章官長と、このレフェリー四人の合計五人が勝敗を決めた。判定は奇数を原則としたからである。

　まず彼らが協議して日程や手順を決定した。そして試合の準備として、およそ三〜六週間前に試合日時を告示し、それを伝令が各地域に伝えると、腕に自信のある騎士がヨーロッパ各地から国境を越えて続々と結集した。

◀3　ヘルメットとヘルメット飾りの点検

　試合に臨む騎士は、およそ四日前に従者を連れ、正装して開催都市へ入ってくる。身分の高いものは一族郎党を従え、多数の従者が同行する。主催地の都市への入場には作法があり、まず主催者の軍馬が出迎える。続いて楽隊がトランペットを吹き、太鼓を鳴らす。それから競技者たちは宿に泊まることになるが、宿の窓には騎士のバナー（小型旗）や紋章が飾られる（図2）。その夜は主催者が歓迎パーティを開き、貴婦人も同席した。この社交会は試合の雰囲気を盛り上げるのに大きな効果があった。

3 ヘルメット・ショー

　二日目にヘルメットや紋章の点検が行われるので、参加する騎士たちは、自分のヘルメットとヘルメット飾りを持って、会場へ現れたが、その際紋章や紋章飾りが華麗さを競った。図3に描かれている光景は、当時の状況を伝えている。紋章官が参加資格の審査をしたが、図には、二人の紋章官（首の周りに紋章が飾られている人たち）がヘルメットとヘルメット飾りを点検している様子がみえる。それぞれのヘルメットの下には紋章が描かれているが、それらも点検の対象となり、違反があれば摘発された。

　なお原則としてヘルメット飾りは、自己主張や相手を威嚇する意味があり、動物の角、

▲4　ヘルメット・ショー

鳥の羽根のモティーフが好まれた。さらには見る人が驚く怪物、女性像などの奇抜なアイディアが込められているものもある。トーナメントの最盛期には、もっとも目立つヘルメット飾りに人びとの視線が向けられた（四九ページ参照）。

点検を終えたあとバナーが掲揚され、いわゆるヘルメット・ショーが開かれた。図4に引用したのは、フランス王族のルネ・ダンジュー（一四〇九～八〇）が編纂させた『騎乗槍試合の書』の写本の一部である。ここは修道院の回廊であるが、トーナメントの前に行われるヘルメット・ショーの展示場面が描かれている。右には、貴婦人が女官たちを引き連れ、見物に来ているのが見える。そして中央にいる赤い衣服を着た人物たちが、レフェリー役（決闘裁判の場合、裁判官役）である。ここではその一人が棒でヘルメットを指し、アーミン服を着た紋章官長がそれを点検し、どの騎士の所有物かを確認している。

この棒でヘルメットを指している場面は、いったい何を表しているのであろうか。当時、騎乗試合の前、たとえばパーティやその他の機会などで、騎士は思いを寄せる貴婦人（既婚者でも可）に愛やプレゼントをささげ、その代わりに貴婦人からハンカチなど彼女が身に着けているものをもらうという習慣があった。試合当日、騎士はそれを身に着けて全力で戦うのである。これは騎士道のミンネという愛の作法であるが、あくまで精神的なものであって、それを越えた肉体的な愛や感情は禁じられていた。しかし中世の騎士と貴婦人の間でも、所詮男女の間柄となり、性的問題が起こることがよくあった。

その際、貴婦人が意に添わぬことをされると、どのような行動を取るのか。彼女は騎士の誰かに無作法なことをされたら、ヘルメット・ショーに出席し、展示している騎士のヘルメットにそっと触れるだけでよかった。引用した場面はその光景を描いているのだろう。おそらくこの絵では、レフェリーが貴婦人の触れたヘルメットを指し、紋章官にその所有者を特定させていると考えられる。

ここでは左から二人目の人差し指を指している人物の横にいる男性が該当者であろう（左端）。貴婦人に指摘された当該の人物は、トーナメントには参加できるが、試合後のパーティから排除され、みんなから軽蔑されることになる。その教訓として、左端に従順のシンボルである犬が描かれているのである。

このようにヘルメット飾りやヘルメットに描かれている紋章は、人物を表す重要な標識であることがわかる。ルネ・ダンジューは文学サロンも主催しており、騎士道については厳格な見識を持っていたので、あえて戒めのために、この絵を描かせたものと考えられる。

三日目の試合前日には試合会場へ出向き、試合のルールの説明やトーナメントの組み分けを行う。国を越える試合の場合は、同国人、あるいは同郷の組み合わせが多かった。メインイベントはトーナメントの団体戦であるが、それは安息日の日曜を避け、通常、月曜か火曜に設定された。

▶5 騎乗槍試合の開始を合図する紋章官たち

4 騎乗槍試合の単独戦

『マネッセ歌謡写本』の説明で、騎乗槍試合の単独戦について触れたが、トーナメントの前に騎士同士の一騎打ち（ジョスト）が行われた。紋章官長が試合を取り仕切り、補佐役のトランペットの合図で試合が始まる（図5）。ルールは、長槍を使って相手を落馬させると勝ちとなった。長槍は木製でありおよそ三・七メートルの長さで、先端に金属の突起が付いていた（図6）。ただし長槍だけでなく、剣、こん棒などの武器を使うこともあった。長槍の戦闘はすれ違うときに相手を攻撃する方法であったが、当たり所が悪ければ死亡事故も起こる危険性もあった。

無名の騎士だけでなく、有名人が騎乗槍試合を行うこともあった。その例として、図7に一四九七年に行われた、神聖ローマ帝国皇帝マクシミリアン一世（左）と選帝侯フリードリヒ三世フォン・ザクセンの試合を引用しておこう。皇帝マクシミリアン一世は「中世の最後の騎士」ともいわれ、乗馬術も優れ、騎乗槍試合を好んだ。マクシミリアン一世がたびたび騎乗槍試合を企画したのは、有能な騎士を確保しようというより、皇帝自身が騎士の世界にのめり込んでいたからである（図8）。

マクシミリアン一世は芸術も愛好し、その中でも有名な芸術家のデューラーを贔屓にした。デューラーは意味深長な「死の紋章」を描いており、紋章についても深い洞察力を持つ画家であった（七八ページ参照）。一五一八年には皇帝に委託され、「マクシミリアン

▲6　単独戦（ジョスト）

▼7　皇帝マクシミリアン一世（左）と選帝侯フリードリヒ三世フォン・ザクセンの試合（1497年）

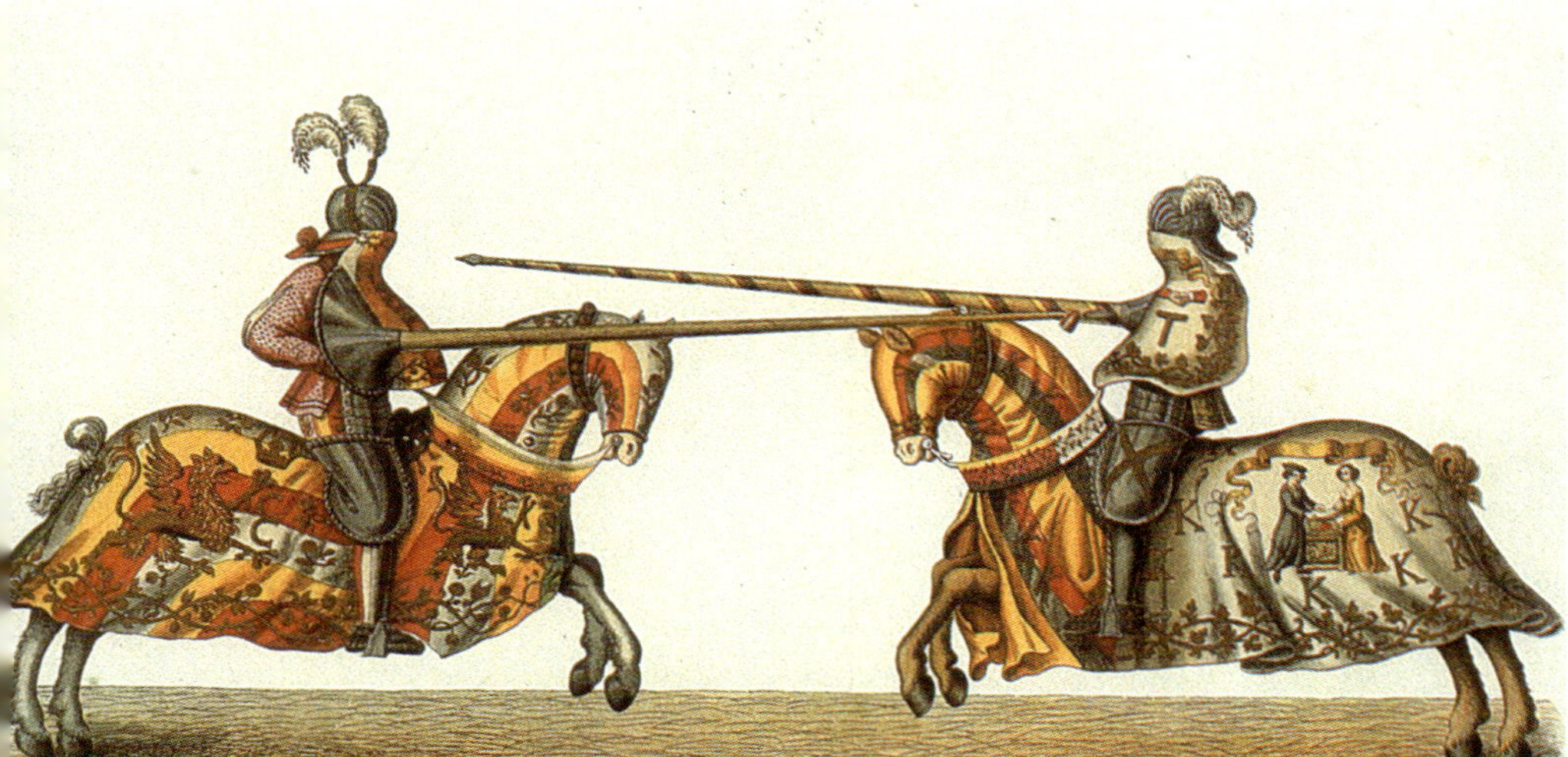

▶8　晩年のマクシミリアン一世（デューラー画）

皇帝の凱旋行進」を残している。

剣による一騎打ちの事例については、ブルターニュ公国とブルボン王朝の両王子（侯爵）の対決が図版に描かれている（図9）。前者の紋章は王侯の毛皮紋章のアーミンであるが、ヘルメット飾りはライオンである。なおブルボン王朝の紋章はフルール・ド・リス（ユリ紋章）であり、これについては詳述する（六九ページ参照）。

5 トーナメントの団体戦

二チームに分かれて行うトーナメントの場所は、初期は野外で行われることが多かった。これは戦争ではなかったが、実戦そのものに類似していた。リチャード・バーバーの『図説騎士道物語』にその模様が描かれている。

一二八五年一〇月、フランス北東部のショヴァンシで試合が行われた。審判役の紋章官長の指揮のもとでその従者がトランペットの合図で試合が始まり、太鼓が闘争心を鼓舞した。実戦さながらの駆け引きも行われ、安全地帯が設けられてあり、そこへ逃げ込むと攻撃はできなかった。

ふつうは四回戦であったが、トランペットの合図で試合が終了した。戦争の場合と同様、トーナメントでも捕虜になると身代金の支払い義務が生じた。勝者は戦利品のヘルメット、武具、馬を獲得した。これらは高価なものであったため、戦利品によって生計を立てる騎士も出現している。試合後にも勝者チームを顕彰する宴会が開かれた。

図10に引用したのは、前述のルネ・ダンジューが編纂させた『騎乗槍試合の書』に載っているトーナメントの光景である。これは一三九三年三月一一日にブルージュで行われた試合の再現で、一四六〇年に描かれたとみられている。従者を連れた一グループ二四人の騎士が二グループに分かれて戦った。実戦のように両軍が衝突し、勝敗を決する場面を再現している。中央の観覧席には、騎乗槍試合を取り仕切る四人のレフェリーと紋章官長が見える。彼らが判定を行うのである。アーミンの毛皮を着たのが、紋章官長であろう。上方には両家の紋章が掲げられ、さらに左右の観覧席には、それぞれの王侯や貴婦人たちが応援をする光景が描かれている。

6 貴婦人の応援

騎乗槍試合やトーナメントの花形は貴婦人たちであり、彼女たちは贔屓の騎士を応援した。着飾った貴婦人たちの応援により、このエンターテインメントは、騎士だけでなく観衆も熱狂の渦に巻き込まれた。

図11はコンスタンツ出身のコンラート・グリュンエンベルク（?～一四九四）の紋章学の写本からの引用図であるが、彼は紋章に通じていた騎士であった。したがってこの写本には、当時の習俗が詳しく描写されている。ここに描かれているのは華麗な貴婦人たちが、トーナメントの騎士たちを応援している光景であり、それぞれが贔屓の騎士の紋章をシンボル化した旗を左手に持っている。しかし彼女たちの右手をよく見ると、前列の五人はそれぞれ装身具やドレスを示すしぐさを示している。

これはおそらく、出場している騎士からの愛のプレゼント品ではないか。しかもそのうち前列の右から二人目のはブローチであるが、それ以外の三人が持つ円形の装身具は宝石付きの金の指輪であると推定できる。中世から近代初期にかけての指輪は大きく誇張して描

▲9　ブルターニュ公国とブルボン王朝の両王子の剣による対決（15世紀後半）

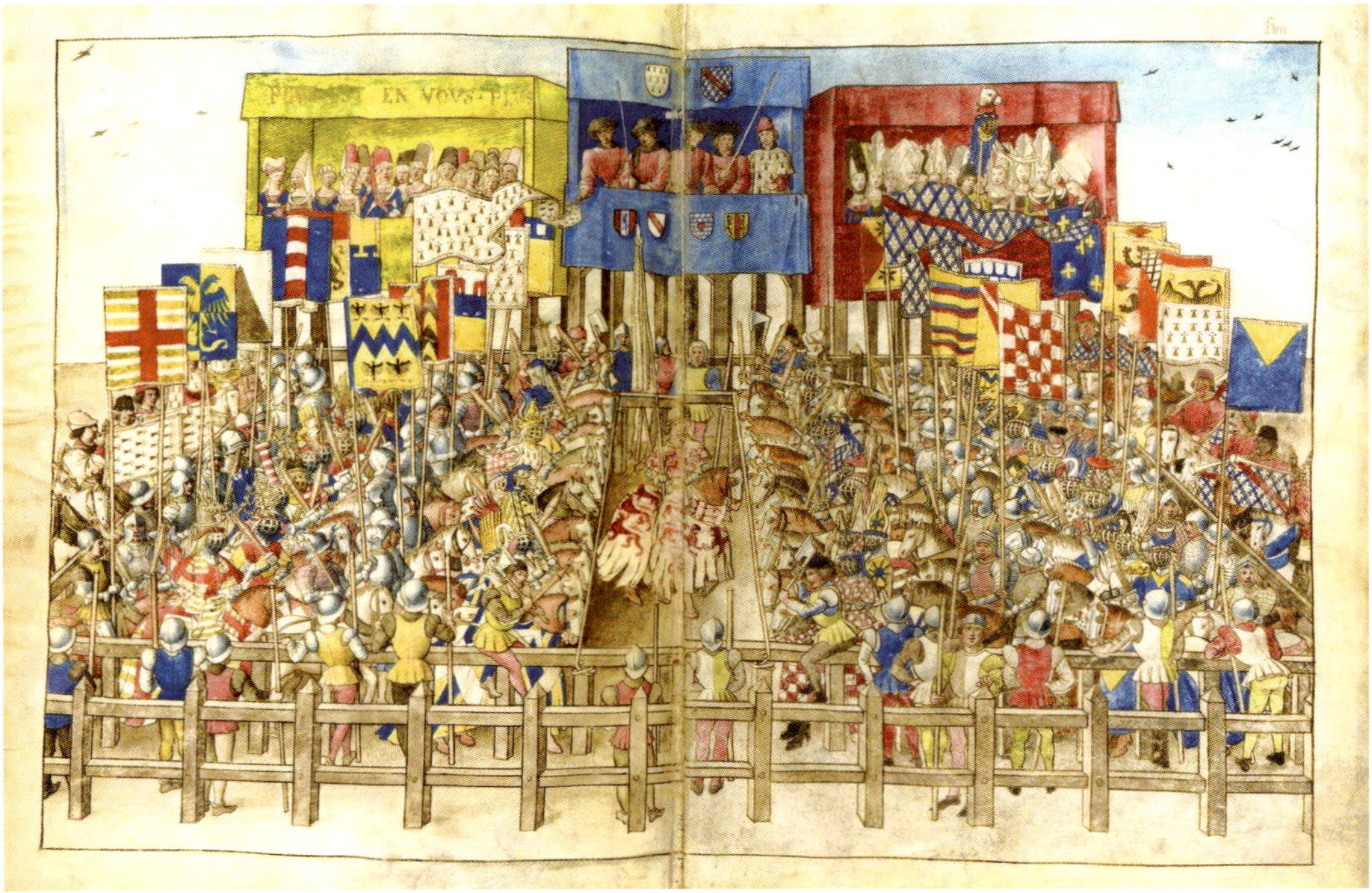

▲10　トーナメントの光景（1460年）

かれるという傾向が強いという事実があるからだ（『図説　指輪の文化史』）。
もっとも中央の貴婦人が持っているものは、指から離れているので指輪と判断できないのではないかという反論があるだろう。しかし指のしぐさは明らかにそれを摑もうとしている。これは円形の指輪を誇張するためにあえて手から離して描くという技法であって、前方両端の貴婦人の手にある指輪の位置とを比較しても、決してブローチ類ではないことがわかる。騎士にそのような財力があったのかという疑問もあるが、トーナメント出場者には王侯貴族も含まれており、この旗にも見える空色と白（銀）の斜線菱形のシンボルは、バイエルンの名門ヴィッテルスバッハ家のものである。

▶11　トーナメントを応援する貴婦人たち

騎士がこれほど死にもの狂いで戦ったのは、背景に貴婦人の存在があったからともいえるが、実際には、浪人や部屋住みの身分から仕官の糸口が見いだせたからである。試合後のパーティで論功行賞が行われ、そこではトーナメントの女王が選ばれ、彼女が勝利した騎士たちを満座の前で表彰した。それは騎士たちにとって最高の栄誉となったが、騎乗槍試合とパーティはセットになっており、いずれにも貴婦人は花を添える存在であった。

騎士道は、封建制度の中で戦場とエンターテインメントの共通のモラルとなり、ヨーロッパ中世の「ミンネの愛」を宮廷に根づかせた。それがヨーロッパやアメリカのレディファーストにつながったのは事実である。今日のジェンダー論から見ると、これは女性の権利尊重とは異質なものであった。当時の封建体制での女性の立場は低く、男性中心社会の中で従属を強いられた本質的立場は変わらなかったからである。

第四章

ヨーロッパ紋章学入門

1 紋章の構成とその変遷

武具から発達した紋章は、戦場や騎乗槍試合、トーナメントのシンボルから、急速に王侯貴族の権威の表象へと拡大した。そのプロセスの中で、一四世紀頃から近代初期にかけて紋章官が紋章を体系化し、紋章学を生み出した。それには複雑なルールがあり、容易には全貌を把握しがたいが、これに基づいてヨーロッパ紋章が発展してきたので、本書でもその概要を説明しておく必要があろう。ただし、細則にこだわると迷路に入ってしまうので、ここでは簡潔に要点だけ述べる。

まず紋章の発祥は楯に文様を描いたことにあるので、これを出発点とするが、最初、楯は武具であったのでヘルメットと対になっていた。ただしヨーロッパといえども、夏場には直射日光によってヘルメットが熱くなったから、そのカバーが必要になった。

さらに威嚇のためにヘルメット上部に飾りを付ける習慣が生まれた。しかしこれが発達したのは戦場よりむしろ、騎乗槍試合のパフォーマンスからだった。

貴婦人も見守る晴れ舞台に、騎士が派手なヘルメット飾りや装飾的な馬衣で登場すると、見物人たちは喝采を挙げた。そこでは騎士の身分を示すヘルメット位冠も、大きなアピール効果があった。こうして図1に示したように、楯、ヘルメット、ヘルメットカバー、ヘルメット飾り、ヘルメット位冠の五つを表記

◀1 完全紋章図

した紋章図ができあがったのである。紋章学ではこれを完全紋章（図1）といった。
まずそれぞれを簡単に説明しておこう。一二世紀の紋章成立時には、紋章といえば楯とその図案を指していたが、楯は実用的な面から軽いと便利であったので、木材でつくられていた。このかたちはいわゆる楯状といわれ、時代の推移とともに変化しており、それを図式化すると図2のようになる。

ゴシックの先端が尖った縦長（逆転したかたちではあるが）から、しだいに角度が鈍角になり、装飾的な形状になっていく。これはゴシック、ルネサンス、バロックというヨーロッパの芸術潮流と相関関係にあるといわれてきた。つまりゴシックの先端の鋭角が、後期ゴシックでは鈍角になり、ルネサンスでは丸味を帯びてくる。さらにバロックでは装飾的になるという、傾向を指摘することができる。なお楯の外周を鋲で補強したり、装飾的に表面を薄い金属や皮、布で覆ったりするようになった。

次に紋章構成要素として、頭部を保護するヘルメットが重要である。ヘルメットは鉄製であったが、目を保護するために、最小限度の視界が効く程度に開口部が設けられた。そのヘルメットも時代とともに変化していき、図3に示したように壺型（一二～一三世紀）、バケツ型（一三～一四世紀）、覆面型（一四～一五世紀）、面格子型（一五～一六世紀）などがあった。構造的にもヘルメットの重量を頭だけでなく、肩にも分散させて受ける工夫がなされていることがわかる。左右の小さな穴ないしは十字模様は空気孔の役割を果たした。なお面格子型は実戦用ではなく、顔もある程度わかったので、主にパレード用であ

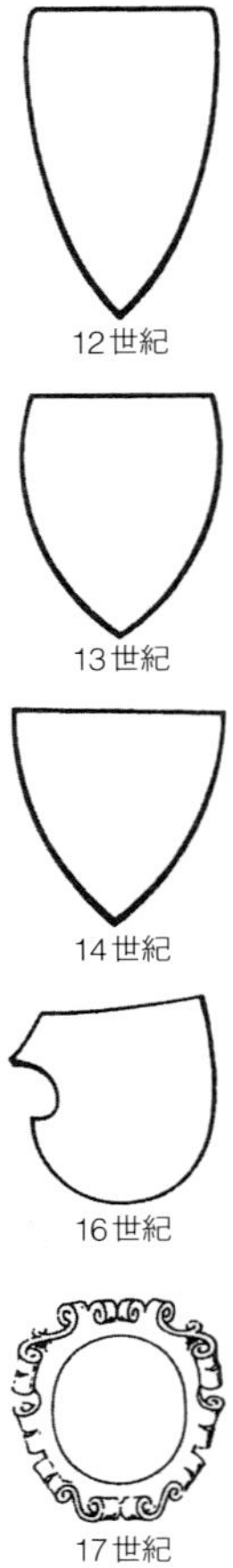

▲2　楯の形状

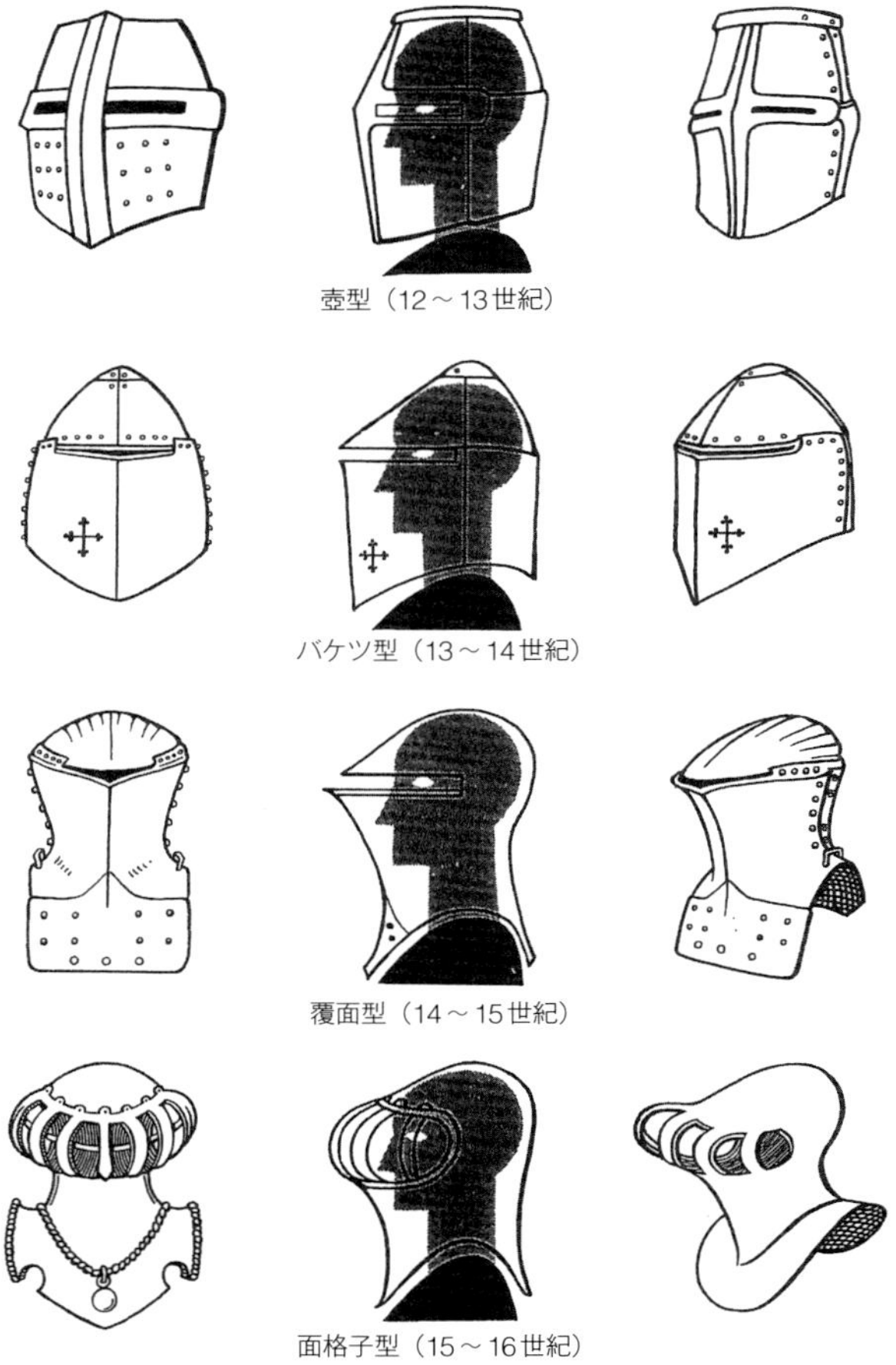

▲3　ヘルメットの形状の変遷

る。
ヘルメット飾りは、すでにこれまで『マネッセ歌謡写本』や騎乗槍試合の図版で確認してきたが、これは主に個人紋章用で、共同体紋章やギルド紋章には用いられない。一三世紀あたりから楯の紋章とセットで登場したが、ワシや犬などの動物、角、羽根、剣をデザイン化し、威嚇効果だけでなく奇抜で多様なアイディアが考案された（図４）。なおこの「張りぼて」は、布、革、亜麻布、紙などで製作し、その色彩は原則として楯と同系色が用いられた。ヘルメット飾りは、騎乗試合のショーを盛り上げる絶大な効果をもたらした。

ヘルメットカバーは、前述のように炎天下の太陽熱を遮断するためにヘルメットに加えられた。とくに十字軍の遠征時には必需品であった。最初は布あるいはなめし革の覆いであったのでヴェールといったが、しだいに装飾化してマント状になった。しかもそれに歴戦のしるしとして切り込みを入れたり、一六世紀にはアラベスク模様になったりした。その形状も芸術様式と関連し、時代とともにゴシック、ルネサンス、バロックなどに変化している（図５）。

◀4　ヘルメット飾りと楯の紋章

◀5　ヘルメットカバーの変遷。右列はゴシック、左列上はルネサンス、下はバロック

ヘルメット位冠は一三世紀の初期紋章にはなかったが、その後、王侯貴族だけに許され、その身分のシンボルとして登場してくる。ヨーロッパ王族の王冠は王国ごとに異なり、全体で統一された決まりはないとはいえ、各国の人びとにとってはその形状で身分が見分けられた。たとえばフランスの王冠は図６に示しておいたが、ヘルメット位冠もそれに準じた形状が用いられた。なお都市紋章の位冠として城壁のシンボルが用いられることがあるが、これは個人紋章の影響による。

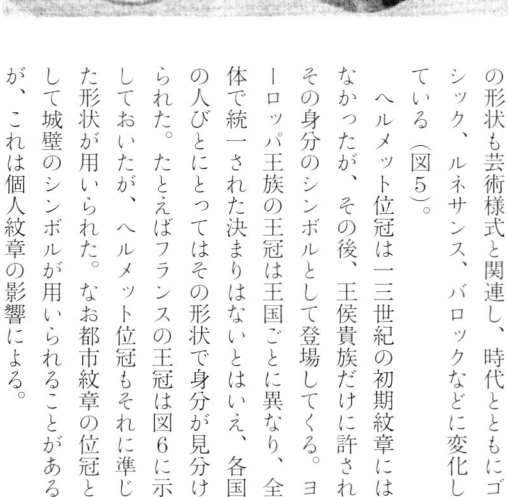

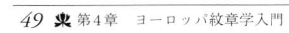

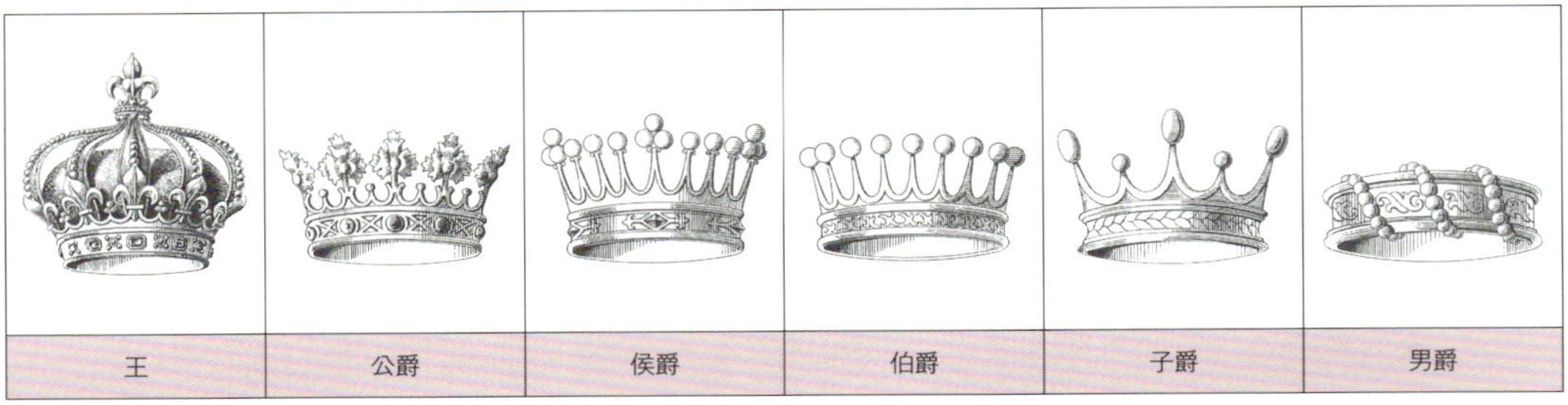

▲6　フランスの王冠の例

2 紋章のカラー

日本の家紋が地味な白黒であるのに対し、ヨーロッパ紋章はカラフルである。紋章の原点は個人の識別にあったので、そのカラーも原色を用い、中間色が避けられた。紋章の由来が戦場や騎乗試合での騎士の特定であったので、あいまいな色は好ましくなかったからである。中世ヨーロッパでは赤が好まれ、やがてマリア信仰の高まりとともに、色の嗜好は青へと変化した。なお黄色は、差別感情を暗示する色だったので用いられなかった。

紋章のカラーには、金と銀の二つのメタル

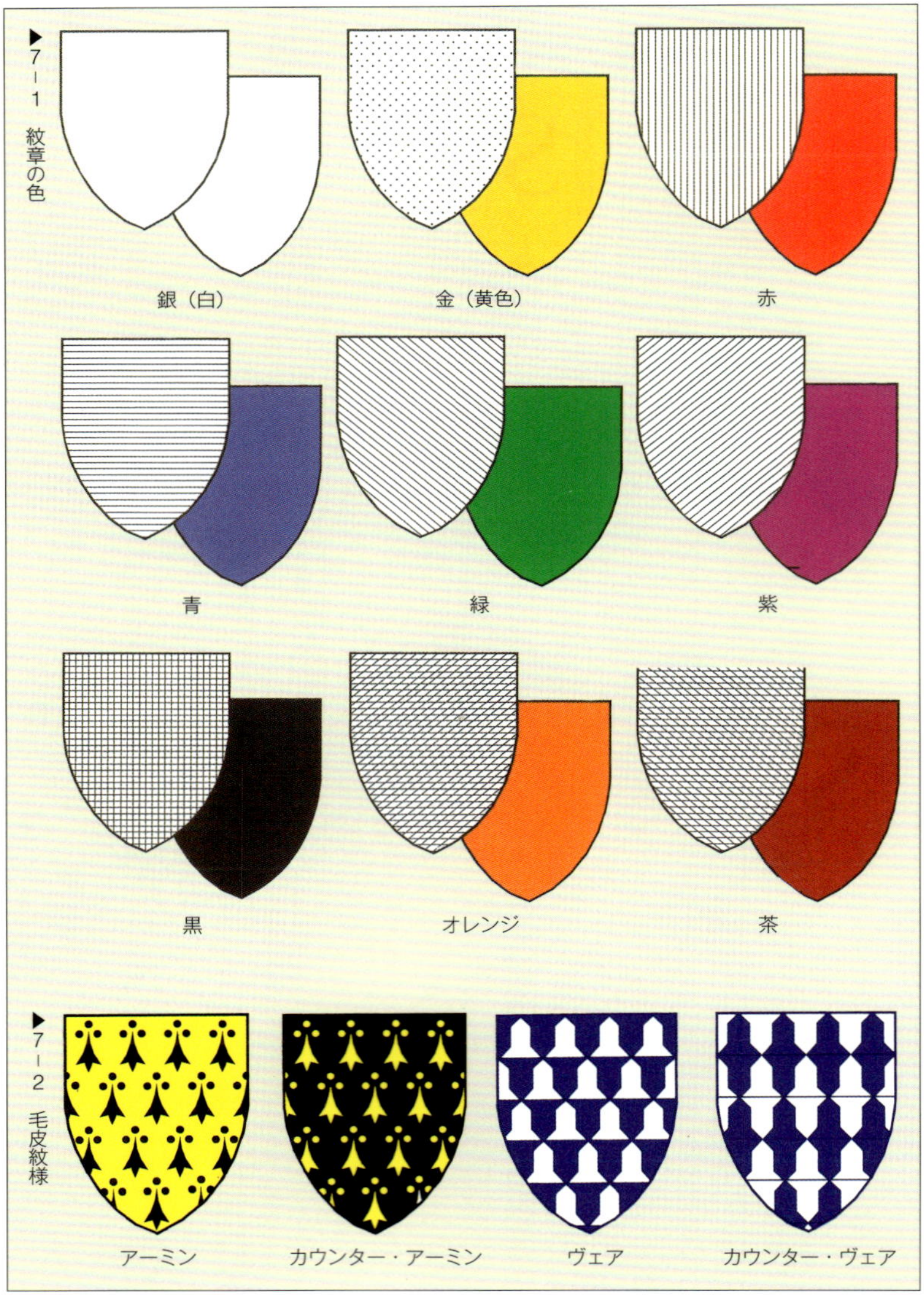

▶7－1　紋章の色
▶7－2　毛皮紋様

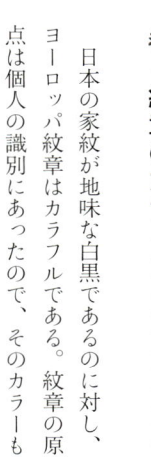

色と七つの原色が用いられた。メタル色はもともと楯に金属板を用いたことによって生まれたが、実際に金や銀を張ったのではなく、身分の高いものが金に相当する代用色として黄色（これは原色の黄色と異なるものと解釈された）を、銀に相当する色として白を使った。原色は、当初、赤、青、緑、紫、黒の五色で、のちにオレンジ色、茶が加えられた。なお、カラー印刷が不可能な時代には、図7－1のように白黒の線や模様で色彩の代用の表記をした。

さらにカラーの種類の中には、毛皮紋様もあった（図7－2）。紋章の場合、これにはヴェア（リス）系とアーミン（シロテン、オコジョ）系があった。毛皮は紋章だけでなく、一種のステイタスシンボルとして王侯のガウンにも好んで用いられた（図8）。毛皮はヨーロッパ北部から調達していたが、貴重品であったので一般人は使用できなかった。のちにカナダに進出したフランス人がこれらを現地で入手し、本国へ送って王侯の需要をまかなった。

3 楯の図形

具体図形（チャージ）

楯の図形を大別すると、フィールドに描かれたかたちが具体的な意味を持つ紋章と、抽象的な（幾何学的な）紋章がある。これだけであれば簡単だが、イングランド紋章学では抽象図形をさらに幾何学図形と分割図形に分類している。問題はなぜこのように分類するかであるが、これは紋章の成立プロセスを確認しなければ、説明がつかない。

紋章成立時には、独自の紋章をつくり出すために、いろいろな工夫がなされた。ライオンやワシという具体的なモノを描くのみならず、色や線、曲線などを使った文様も多数つくり出された。これらが抽象図形になったわけだが、その際、楯の内側の補強材の入れ方に合わせて、表にバツ印や縦格子、横格子の模様を付けることもあった。さらに、ジグザグ、円を用いた幾何学的な表記や色彩を加えると、飛躍的にその数は増加した。

紋章発生の初期の段階において、やがて継承のルールが確立され、個人紋章が代々受け継がれていくことになったが、結婚、領土の獲得などで、紋章の分割、組み合わせる上でのルールをつくることが喫緊の課題になった。そこで重要視されたのが分割図形である。イ

▲8　アレクサンドラ王妃のアーミン（毛皮）

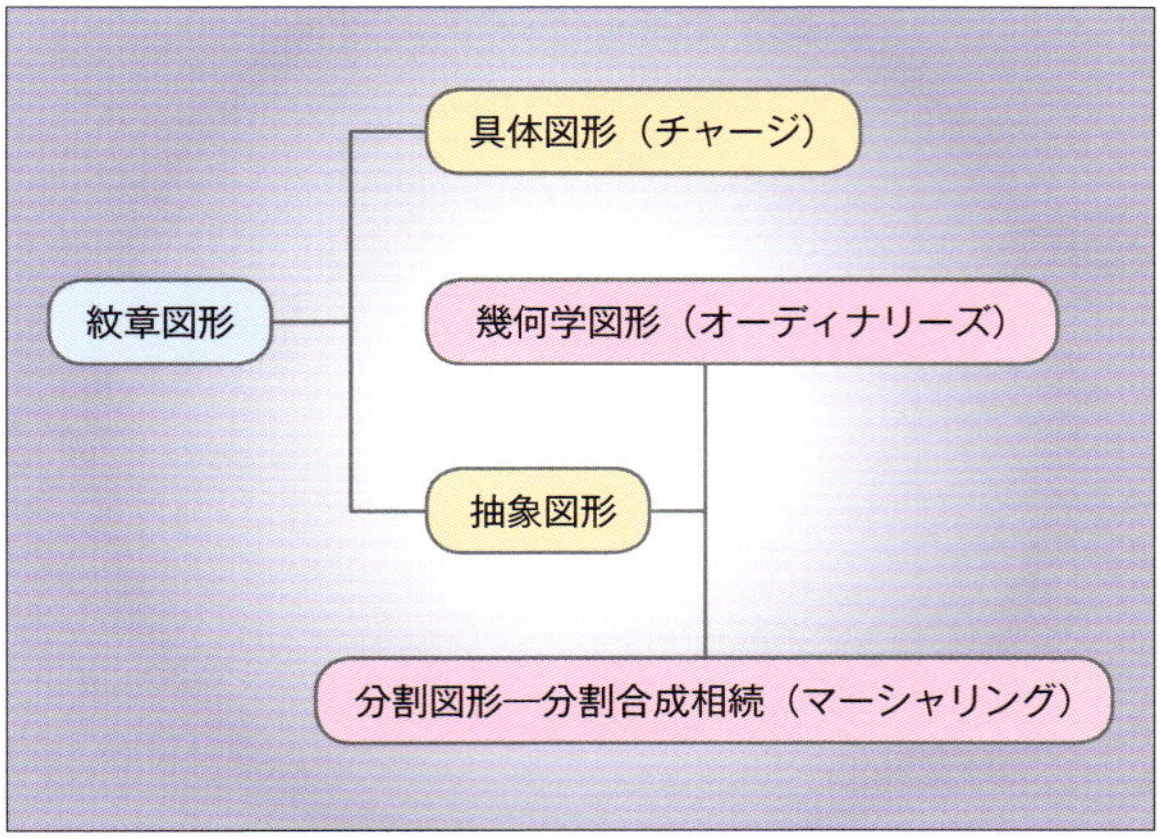

▲9　イングランドの紋章図形例

▲10　具体図形の例

ングランド紋章学では、紋章図形は具体図形、抽象図形に分け、さらにこれを幾何学図形、分割図形に分類する。その概略を図式化すると図9のようになる。

　問題は分割図形であるが、これは結婚のケースで事例が多かったために重用視されるようになった。ところが分割して出来上がった紋章が、結果的には幾何学図形と見分けがつかないほど類似したものになってしまった。そのため、イングランド紋章学はむずかしいといわれるのであるが、本書では分割図形と幾何学図形の違いを、結婚による紋章相続（マーシャリング）の事例で具体的に説明したい（五四ページ4の項目参照）。

　まずわかりやすい具体図形（図10）から見ていく。紋章成立時には具体図形がおよそ全体の七五パーセントを占めた。図像にはワシ、ライオンなどの強い動物、植物、建物、好きな事物、架空の創作物、奇想天外な怪物などを描くこと

▲11　抽象図形の例

が多かった。一般的にいうと、ヨーロッパでは動物紋が多く、日本の家紋は植物紋が中心であるという、大きな違いが認められる。とくにヨーロッパ紋章は日本の家紋では避けるはずの頭蓋骨、女性のヌードなども登場するので驚かされる。

　それはヨーロッパ紋章が同一紋章を許さなかったという事情もあるが、紋章の面白さは具体図形とその由来にある。とくに日本の家紋と比較をすれば、根底にある文化論の問題にまで行きつき、きわめて興味深い。本書でもこの問題について後述するので（一〇二ページ以下参照）、ここでは概要についてのみ触れることにする。

　次に抽象図形（図11、イングランド紋章学では幾何学図形、オーディナリーズ）は、表記しやすい単純な直線や曲線で描かれた。それ自体、一種の記号であって、多くの場合、その意味は不明である。抽象図形の成立は同一紋章を

▶12－1　左右の呼称

避けるという目的があったが、北方ゲルマンでは、ルーン文字などを用いた屋号の慣習（九九ページ参照）があり、その伝統の継承という解釈もある。

4 紋章の分割合成（マーシャリング）と相続

個人紋章は代々継承されていくものであるが、その際に、ヨーロッパではたえず分割合成を行ってきた。典型例は結婚のケースであるが、まず分割そのもののルールを説明しておこう。

紋章学では右側優位の原則が重要である。紋章学でいう右側とは、楯を所持する騎士から見た側を指し、図示すると左側が右側ということになる（図12－1）。因みにrightの意味は通常どおり右、左翼の他に、正義、右翼であるが、leftは左、左翼の他に、left-handedでは「左利きの」「内縁の」「裏がある」というネガティヴな意味を表す。

▶12－2　分割フィールドの優位順

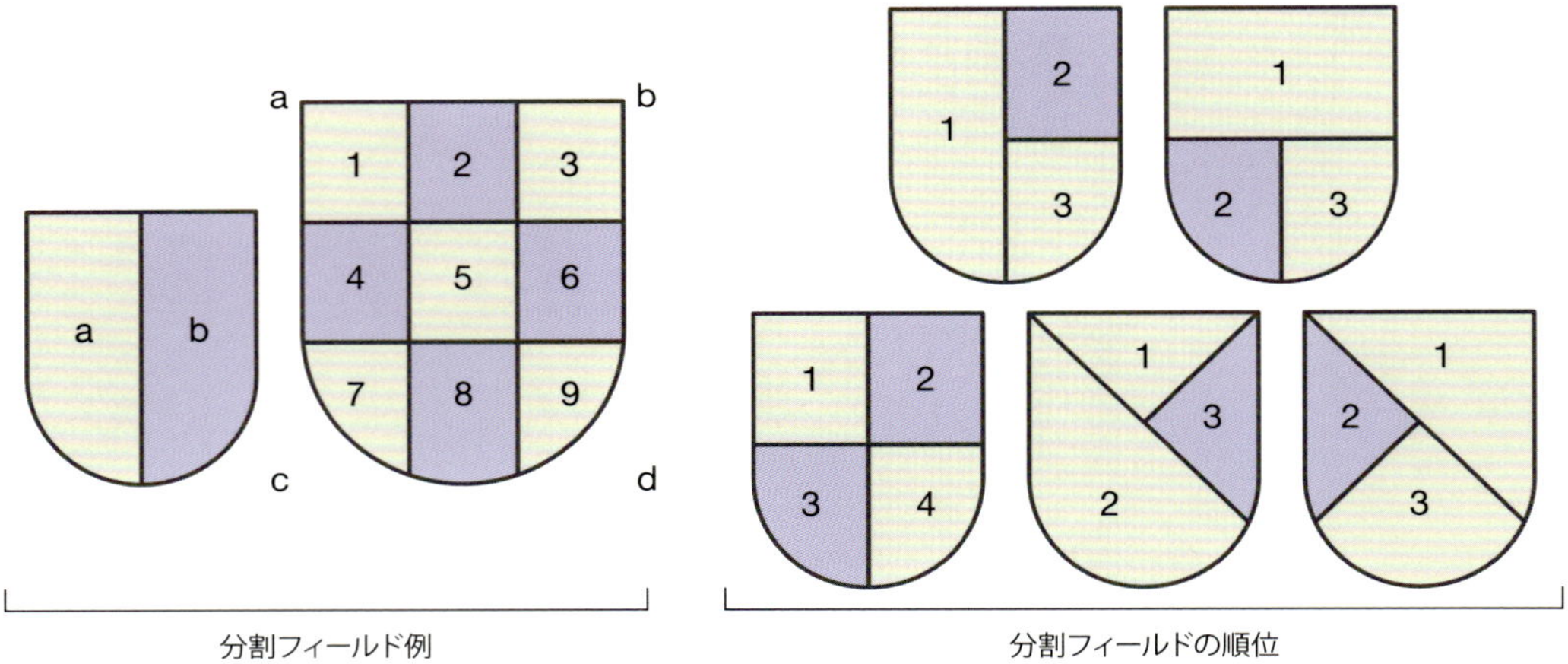

紋章のフィールド線で分割し、そこへ二種類以上の紋章を合成することを分割合成（マーシャリング）といい、これによって新しい紋章が多くつくり出されてきた。分割フィールド図においても、aは右側、bは左側と称する。分割フィールドの順位でも、図12－2に数字で示したように紋章学でいう右、上部優位の原則にしたがい、縦分割、横分割、斜め分割などが行われた。

イングランド紋章学では、単なる幾何学図形と分割図形を区分したが、前者は抽象的な文様の一種であり、後者は分割のための区分である。それゆえ両者は類似したかたちがあるとはいえ、まったく異なる種類のものであった。ここでは相続の分割図形について述べる。

ヨーロッパ紋章を分割合成する際、もっとも単純な場合は二分割であるが、分割合成を繰り返す際に、四、六、八……と増やしていく必要があった。しかしいくら繰り返しても、フィールドは常に偶数になる。分割図形は、原則として二つの紋章を統合するものであるからだ。図13に引用したのは分割図形の例であるが、ただし色違いになっている、一見、青色が三分割に見えるのは、白色を再分割したからで、あくまで偶数の変形である。

このような原則を実例に当てはめてみよう。分割合成には相続権を持つ男女の結婚のケー

▲13　分割図形の例。マーシャリングの場合は偶数分割となるが、青色は白の２分割

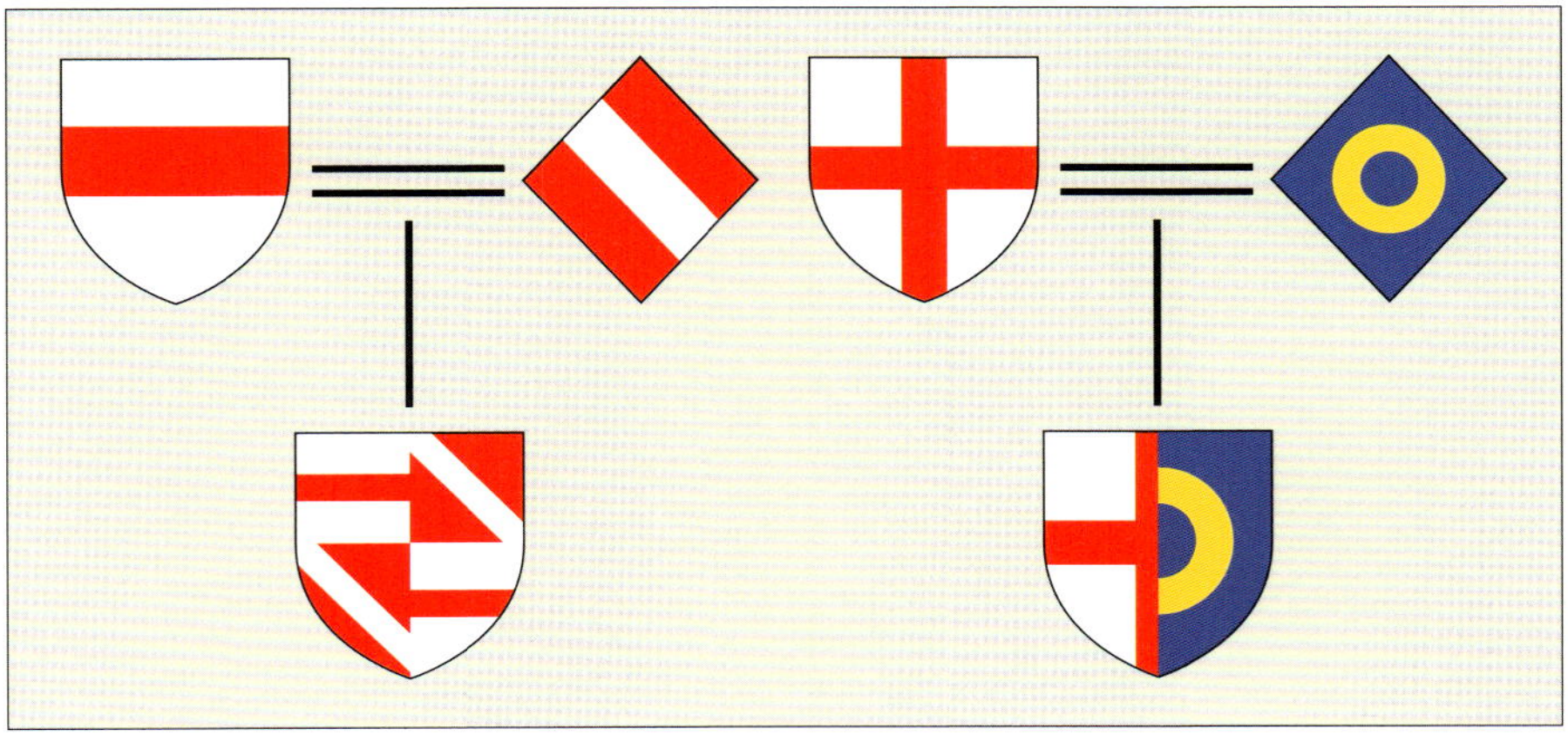

▲14　紋章相続権のある男女の結婚における単純合成の例（右）。クォータリングの例（左）。なお楯型は男性相続者、菱型は女性相続者

スがもっとも多かったが、紋章相続権は原則として長男にあった。子どもが女性だけの場合は通常、長女が相続権を有する。結婚の際にも、具体図形と抽象図形の分割合成など、

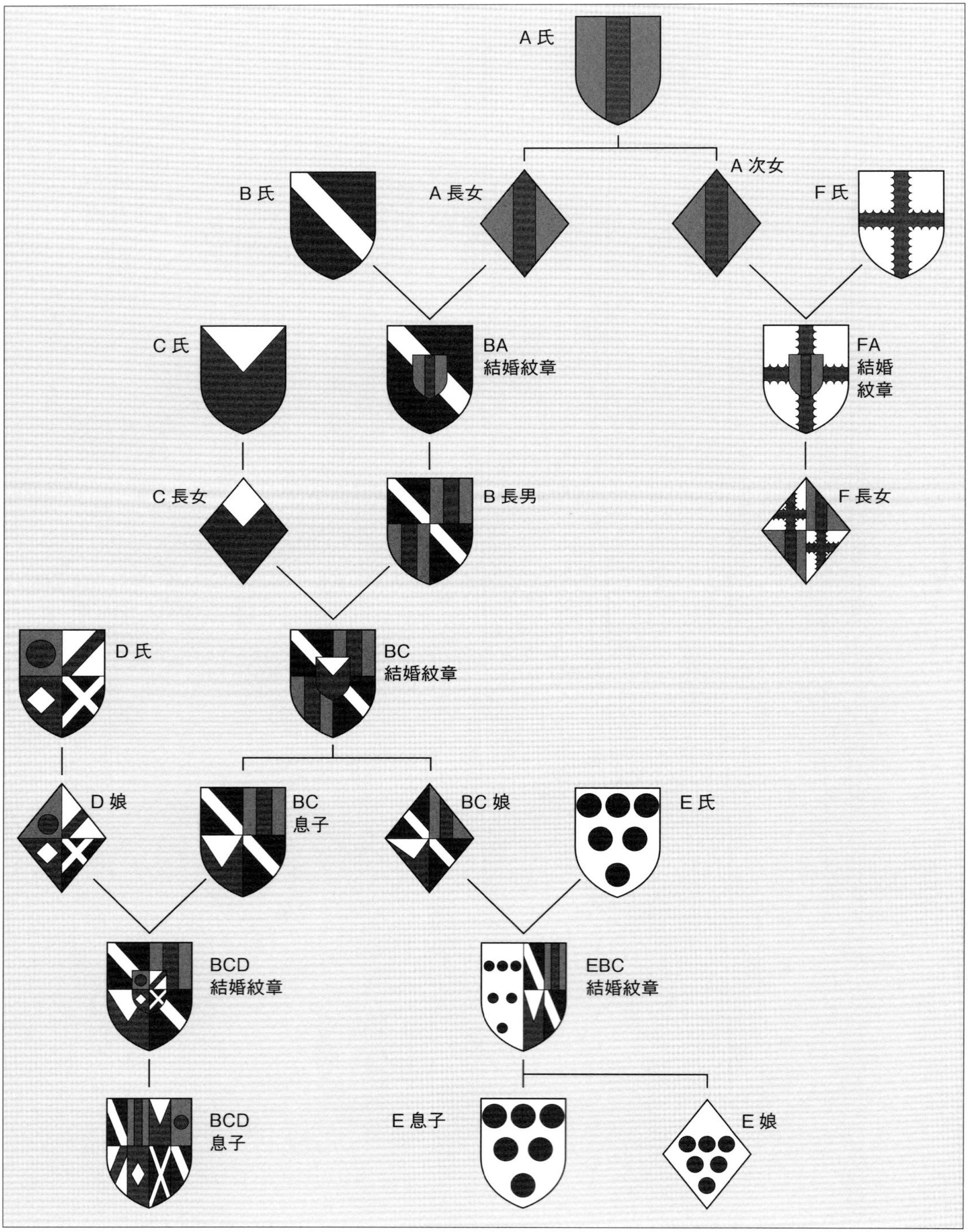

▲15　結婚と紋章相続の実例

多様な組み合わせがあるが、図14は両者とも相続権のあるもっとも単純な結婚のケースである。両家の紋章を分割統合する際、二分割してそれぞれを合成している。なお紋章学では、男性が楯型、女性は菱形で表記することに留意されたい。

機械的に二分割合成すると、図14（右）のように審美性に問題が生じることが多かったので、いろいろな工夫がなされた。図14（左）の紋章はフィールドを四分割したクォータリングという方法で、たすき掛けに紋章を分割せずに並べ、元の紋章を継承する方法である。分割はどんどん細分化されることもあった。

ただし現実にはこのような単純なケースはまれで、実際には複雑な様相を呈する。その事例を少しややこしいが見ておこう。

図15はイングランド貴族の事例である。A氏に娘二人が生まれ、二人が父親の紋章継承者のケースである。その長女がB氏と結婚した場合、結婚紋章はA氏の家系の紋章を小楯（インエスカッシャン）に組み込んで合成して表記する。さらにその家に息子（長男）が生まれた場合、図のようにフィールドを四分の一分割して、B氏の家紋とA氏の家紋をバランスよく合成する（クォータリング）。

話をA氏の次女に移そう。紋章相続権のある彼女がF氏と結婚すると、彼女の紋章は小楯の中に組み込まれ、図のように表記する。二人の間に女子だけが生まれた場合、相続権のあるFの長女は両家の紋章を四分割したフィールドに組み込んで、両家の紋章を受け継いでいく。

次に話をさらにA氏の男の孫、つまりB氏の長男に戻そう。彼がC氏の紋章相続権を持つ長女と結婚すると、結婚紋章はC氏の紋章を同様に小楯に組み込む。その家に男女の二人の子どもが生まれる。A氏のひ孫がD氏の相続権のある娘と結婚すると、結婚紋章はD氏の紋章を小楯に組み込む。その家に男の子が生まれると、両家の紋章を合成して図のように表記する。

また話をA氏のひ孫、つまりB氏の孫の女性に移そう。彼女は相続権のない女性であるが、E氏と結婚をして結婚紋章はこれまでと同様に表記される。その家に男女が生まれた場合、母親には相続権がないので、E氏の紋章が分割されずにそのまま継承されていく。このような複雑な継承システムを総括すれば、相続権がある場合、それが男性であろうと女性であろうと、細分化されながらも、紋章が継承されるシステムであるといえる。

5 個人紋章の差異化（ディファレンシング）

王族は子孫を残さないと国内が不安定になるので、実質的には一夫多妻、あるいは離婚と再婚によって、一般に子どもが多いという事情もあった。その際の紋章の差異化をイングランドやスコットランドの紋章学ではディファレンシングという。しかしヨーロッパ大陸ではフランスを除き、イングランドやスコットランドほど厳格な差異化は行わないことが多かった。というのは大陸では紋章院がそれほど強い権力を持っておらず、厳密な紋章のコントロールをしない場合があったからである。

たとえばわかりやすい事例として、スコットランドの王族の継承システムを紹介しておこう。図16に示したように父親に四人の息子がいたとして、父親の紋章は長男が継承する。次男、三男、四男は父親の紋章のモティーフを継承して同族であることは示すが、それぞれ縁取り（ボーデュア）で色を変え、差異化を行っている。次に父親の紋章を継承した長男（孫）に三人の男子が生まれた場合、帯（フェス）の形状に変化をつける。その長男（ひ孫）の兄弟の場合、文様を加えて差異化を試みた。それでも限界があったので、レイブルやケイデンシー・マークによって、体系的に同族であるが差異を設ける方法を考案した（図17-1、2、実例は八六ページ図8-1、2）

6 分割合成の繰り返しによる王侯貴族紋章の衰退

前述したように、個人紋章は分割合成の繰

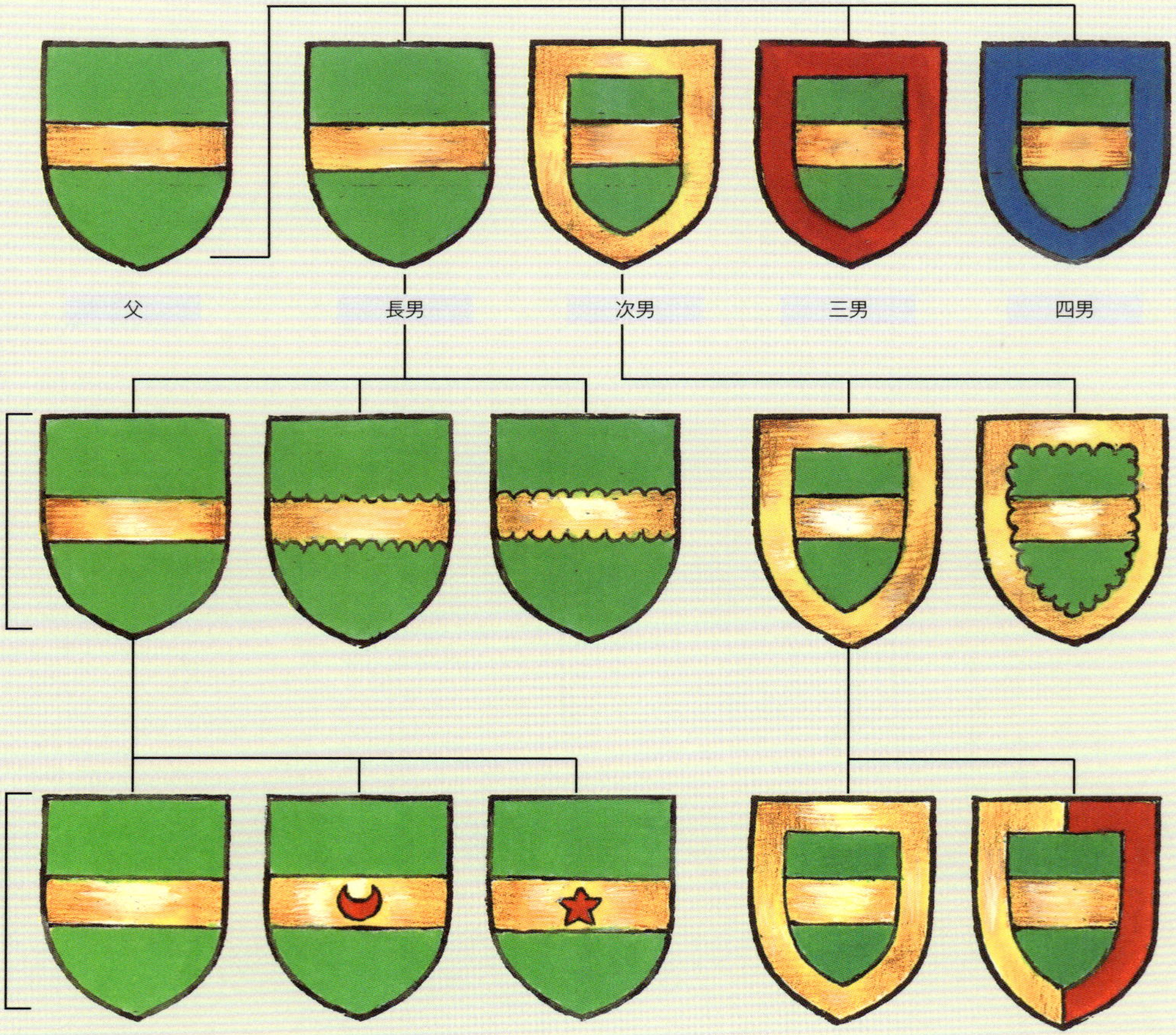

▲16　同族の差異化による紋章継承例

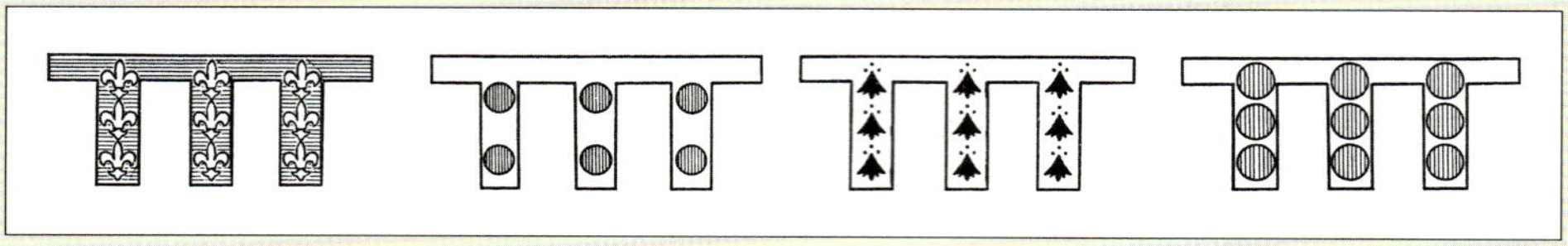

▲17－1　レイブルの種類

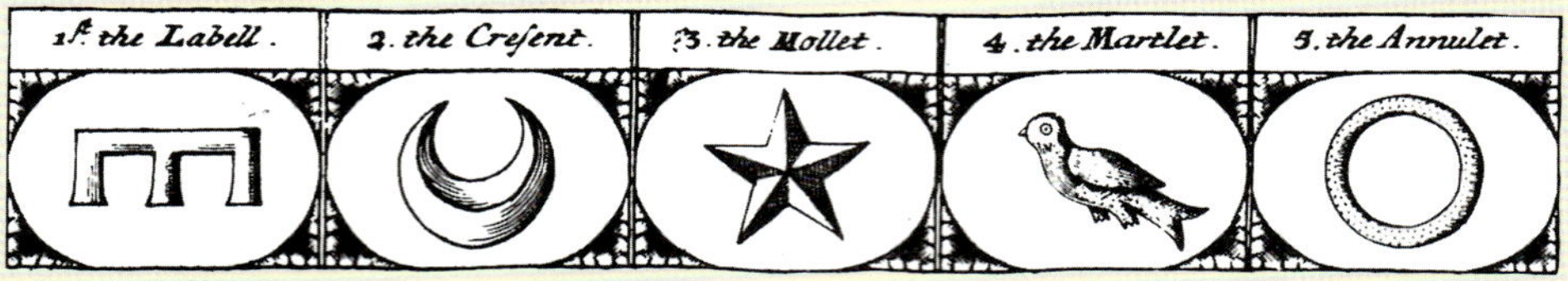

▲17－2　ケイデンシー・マーク

り返しによって細分化されていくと、審美性を欠き、アンバランスな模様のような状態になった。図18に引用した紋章は、イングランドのグレンヴィル家の、七一九に分割された極端な紋章の事例である。これはもはやモザイク状態としかいいようがない。

ところが分割合成だけでなく、紋章が各地域に普及し過ぎると多種多様になり、これまた本来の識別の機能が失われてしまうという現象も起きてくる。たとえば一五六五年のバイエルン大公国の支配体制を示す紋章図が残っている（図19）が、これは中央部に大公国の完全紋章が描かれ、ライオンと菱形のクォーター（四分の一分割）が示されている。その周囲を取り囲むように、統治している地域の紋章を図のように掲げているが、それは理解できるにせよ、これでは紋章官以外、ほとんど内容の解読が困難である。

中世の騎士は戦闘方法の変化によって没落し、紋章も戦場ではまったくその機能を失い、過去の遺物になった。さらに紋章にかつての支配地域を残したり、まだ手に入れていない地域の紋章を記載したりして、実際の支配関係と乖離現象が生じるようになった。こうして近代では、紋章本来の識別、標示の機能の低下を招き、個人紋章の衰退に拍車をかけるような状態になってしまった。

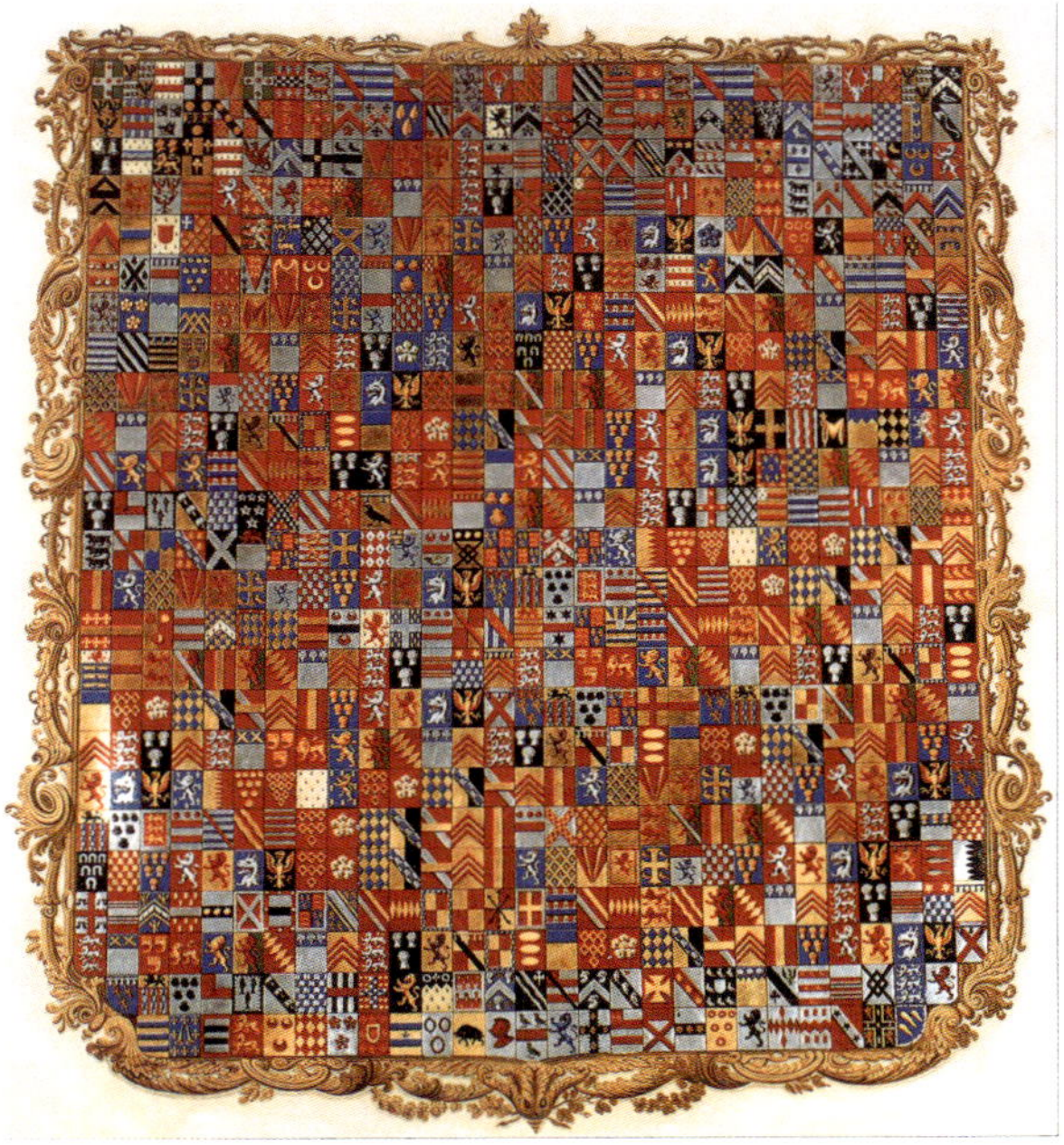

▲18　モザイク状態の貴族紋章
▼19　バイエルン大公国の統治を示す紋章図

第五章

ワシ、ライオン、ユリ、十字紋章の成立と変遷

1 ヨーロッパの主要紋章

武具から発達した紋章は、戦場や騎乗槍試合、トーナメントの識別の記号から、王侯貴族の権威の表象へと急速に拡大した。紋章は彼らの政治的統治においても重要なメッセージを発するようになった。さらに紋章はキリスト教の表象へと拡大されていく。このような紋章の機能は、ヨーロッパ史において重要であるため、この章では政治や宗教的権威と紋章との関係について見ていこう。

神聖ローマ帝国皇帝のカール四世によって、一三五六年に金印勅書が発布され、帝国皇帝はマインツ、ケルン、トリーアの三聖職諸侯、ボヘミア王、ザクセン公、ブランデンブルク辺境伯、プファルツ伯の四世俗諸侯の七人の選挙によって決定することになった。その際、七選帝侯領は分割せず、長子単独相続制度も定められた。図1はそれを描いた写本であるが、帽子をかぶっている左側三人が聖職諸侯、

▶1 七選帝侯と紋章

無帽の四人が世俗諸侯である。なおその上に飾ってある紋章が、それぞれの権威を示し、かつそれが継承されることも暗示している。これらの紋章の図形は主に十字、ライオン、ワシなどヨーロッパの具象紋章の典型的なものが使われている。

次にO・ノイベッカーの『紋章学』に掲載された主要ヨーロッパ王侯の紋章地図を見てみよう（図2）。ここにはワシの紋章、ライオンの紋章、ユリ紋章（フルール・ド・リス）、十字紋章の四大紋章を中心とした紋章分布図が、視覚的に示されている。これらはワシが神聖ローマ帝国、ライオンがイングランド王室、ユリ紋章がフランス王室、十字がローマ・カトリックなどの紋章であったということがベースになっているが、それだけではなく、婚姻、支配関係、宗教的拠点の拡大など、様々な事情でヨーロッパ全土の王侯貴族や都市に四大紋章が広がっていったことを物語る。以下において、ヨーロッパの四大紋章を個別に取り上げ、それとヨーロッパ史の関係を見ておこう。

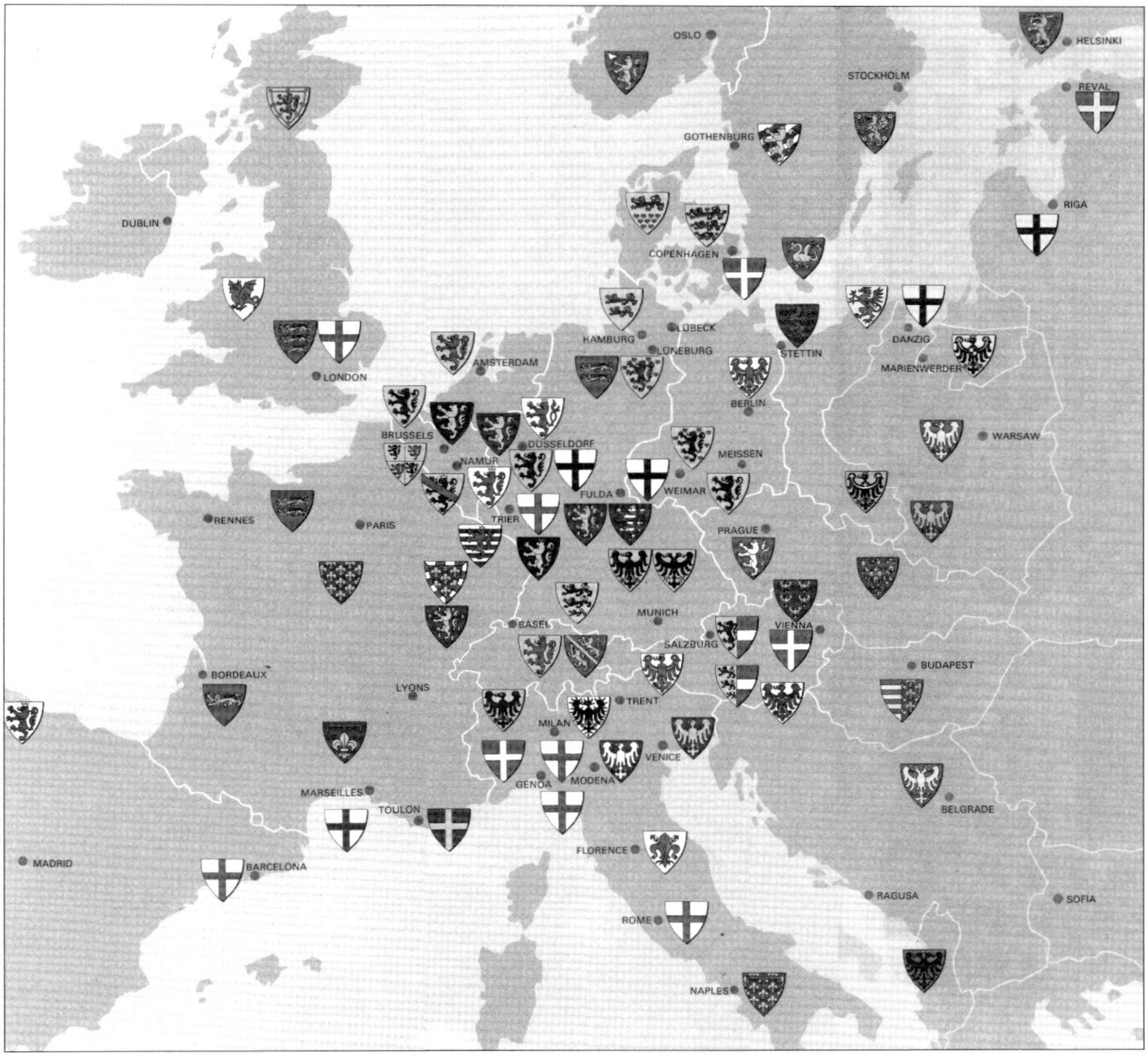

▲2　ヨーロッパの主要紋章分布図（O・ノイベッカー『紋章学』より転載）

2 ワシの紋章の変遷

単頭から双頭になった神聖ローマ帝国のワシの紋章

神聖ローマ帝国のワシ紋章の経緯を簡単に説明すると、まずカロリング王朝のカール大帝の戴冠式（八〇〇年）の際にワシのシンボルが印章に使用された。その後、ワシは印章から神聖ローマ帝国の紋章へ導入され、ハインリヒ四世（一〇五〇～一一〇六）、オットー四世（一一七五～一二一八）、フリードリヒ二世（一一九四～一二五〇）へと継承される。

その経緯において、ワシの紋章のかたちは細部において変遷を重ねており、とくに頭部、武器としてのクチバシと足のツメ、羽根模様、尻尾などが、初期ゴシック、後期ゴシック、ルネサンスというヨーロッパの芸術潮流とのかかわりを持ちながら、変化していった（図3）。なおこれは楯の形状とも相関関係にある。

次にワシの紋章は、単頭から双頭に変化するが、最初に神聖ローマ帝国の双頭のワシを見ていこう。神聖ローマ皇帝ジギスムント（一三六八～一四三七、在位一四一〇～三七）が、一四三三年に正式に単頭から双頭のワシへ変更したといわれている。図4に示すのは皇帝ジギスムントと、単頭と双頭のワシの紋章図である。

皇帝が一羽のワシを双頭にしたのは、ロー

▲3　ワシの紋章の変遷。左から初期ゴシック、後期ゴシック、ルネサンス

▲4　皇帝ジギスムントの単頭と双頭のワシ

マ帝国が、東西に分裂（三九五年）した西ローマ帝国の後継を自任していたため、それを再統一するという意味でこのシンボルをつくり出したとされている。こうして神聖ローマ帝国の双頭のワシ紋章は、歴代の皇帝に継承されていくが、図5に示すのは、一五一〇年頃の神聖ローマ帝国が政治的に統治していた地域の王侯貴族の紋章である（ハンス・ブルクマイアーの版画）。これはマクシミリアン一世（在位一四九三〜一五一九）が皇帝として、ヨーロッパ規模におけるハプスブルク家の繁栄の基礎を築いた時代でもあった。

　図にあるように双頭のワシがシンボル化され、それぞれ王冠を戴いている。中央の十字架のキリスト像は、帝国を束ねるバックボーンである。羽根の上部に八つの選帝侯たちの紋章が描かれ、向かって左側に聖職者、右側に世俗の王侯紋章が記されている。個別に見ていくと、左からトリーア大司教、ケルン大司教、マインツ大司教、ローマ教皇、右側にボヘミア王、プファルツ伯、ザクセン公、ブランデンブルク辺境伯の順となる。

　本来、選帝侯は七人であったが、ここではそれにローマ教皇庁が加えられている。うがった見方をすれば、中世では叙任権闘争において、キリスト教の教皇と世俗の皇帝が対立し、教皇による破門騒動が起きたが、一六世紀では世俗の皇帝の勢力が教皇を上回ったということであろうか。事実、皇帝マクシミリアンはその戴冠式を、政治的事情もあったが、従来のローマではなくトリエントで行った。

　図の羽根の各部分に神聖ローマ帝国の統治している王侯貴族の紋章が列挙されている。これは図像によって、神聖ローマ皇帝の国家体制を視覚化させたものであるが、その際、紋章の効果を最大限狙ったものである。このように紋章は、この頃にはもはや本来の軍事目的ではなく、統治の権威のシンボルとして用いられていることがわかる。

　しかしその神聖ローマ帝国も、一九世紀初頭に落日を迎える。ただし、ナポレオンが神聖ローマ帝国を滅亡させても（一八〇六年）、なじみ深い双頭のワシの紋章は、オーストリア帝国に継承され（図6−1）、さらにオーストリア・ハンガリー二重帝国の統合国章の左半分に存続した（図6−2）。右半分はハ

▲5　神聖ローマ帝国の双頭のワシと統治紋章（1510年）

▲6－2　オーストリア・ハンガリー二重帝国の国章

▲6－1　オーストリア帝国の国章

ンガリーの聖イシュトヴァーンの王冠諸邦紋章を用い、両者を合成している。

ところが一九一七年にオーストリア共和国が発足するにあたって、新たな国章は双頭から単頭へ転換された（図6－3）。なお鎌とハンマーは農民と労働者のシンボルを表し、

▲6－3　オーストリア共和国の国章

▲7　ロシア帝国（ロシア革命前まで）の双頭のワシ

当初はワシの足の引きちぎられた鎖はなかった。これは一九四五年以降、ナチスからの解放を示すために付加されたものである。

ロシア帝国紋章となった双頭のワシ

他方、もうひとつの双頭のワシの系譜を見

▲8－1　ソ連時代の国章（1923年当時）

▲8－2　現在のロシア国章

ておきたい。東西に分裂した古代ローマ帝国を再統一するという願いを込めた双頭のワシは、もともとビザンツ帝国が考案したという説がある。これはロシアのイヴァン三世（一四四〇～一五〇五、モスクワ大公在位一四六二～一五〇五）が、東ローマ帝国の血筋のゾーヤと結婚したことによって主張された。それを契機にロシア帝国も東ローマ帝国の双頭のワシ紋章を描くようになり、バルカン半島に進出し、その支配権を主張した（図7）。

したがって双頭のワシは、神聖ローマ帝国とは別にロシア帝国にも継承され、二系統の帝国で存続することになるのである。後者の双頭のワシの紋章は、ロシア革命まで用いられた。

図7のロシア帝国の双頭のワシは、各ワシの頭の二つの王冠と、その上に二つの王冠を結ぶひとつの王冠を戴き、中央部に聖ゲオルギウスのドラゴン退治をシンボル化したモスクワ市章を配している。ワシの羽根の部分には、右から時計回りに、アストラハン（ヴォルガ川下流、カスピ海左岸）、シベリア、ジョージア、フィンランド、キエフ、タウリダ（南ウクライナとクリミア）、ポーランド、カザフスタンの各支配国の紋章を並べている。

ところがロシア革命の結果、双頭のワシの紋章は廃止され、革命以降のソ連時代には、鎌とハンマーのシンボルに変更された（図8－1）。その後、一九九一年にソ連が崩壊す

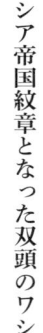

▲9－1　ドイツ「第二帝国」の国章

▲9－2　ナチス時代の国章

ると、国章はかつてのロシア帝国の双頭のワシに戻る（図8－2）。なお小楯（中央部の小型紋章）の騎乗の騎士は、前述のドラゴンを退治する聖ゲオルギウスをシンボル化したものである。したがって現在のロシア連邦は、基本的には帝政ロシアと同じモティーフを用いていることがわかる。

▲9－3　現代のドイツ国章

単頭のワシの紋章を継承したドイツ帝国

ドイツの国章の成立にも触れておきたい。一八六七年に成立した北ドイツ連邦が神聖ローマ帝国ゆかりのワシを国章とした（図9－1）。ただし双頭ではなく、以前の単頭のワシである。それが母胎となり一八七一年発足のドイツ帝国もワシの紋章を継承し、これがワイマル共和国時代を経て、ナチスドイツの国章となった（図9－2）。ナチス時代にワシの紋章にハーケンクロイツを加えた。第二次世界大戦後、西ドイツがハーケンクロイツを外した国章を用いたが、東西ドイツの再統一後も、図9－3のようなワシの紋章の伝統を受け継いでいる。

以上の経緯から、ワシの紋章は近代のドイツ帝国、ヴァイマル共和国、ナチスドイツ、戦後の旧西ドイツ、統一ドイツという政治体制の大きな変遷の中でも、部分的な変化は見られるが、モティーフは変えることなく継承されている。シンボルの伝統は生き続けており、ドイツの国章からも神聖ローマ帝国へのシンパシーが根底に認められる。

3 イングランドのライオン紋章の変遷

本来ライオンは、ヨーロッパに生息していなかったが、古代エジプト、メソポタミア、その影響を受けた古代ギリシャにおいて神話にも登場している。百獣の王ともいわれるライオンは、強さと権威の象徴として、絵画やレリーフによく描かれた。これが第一回十字軍以降の紋章成立期にヨーロッパに導入された。とくに有名なのは、一二〇四年の第四回十字軍派遣の折に、コンスタンチノープルから略奪され、ヴェネチアに搬入して、サンマルコ広場に建てられた有翼のライオン像である。「エゼキエルの書」にちなんで、ライオンが聖マルコのシンボルと解され、ヴェネチアの国旗や紋章に導入された（図10）。

そのような経緯から、とくにライオンはヨーロッパ王侯の紋章に好んで用いられるようになった。ホーエンシュタウフェン家の三頭の黒いライオンについては後述するが（八三ページ以下参照）、イングランド紋章の中でもライオンは特別の位置を占めている。

イングランドのライオン紋章は、フランス

▲10　ヴェネチアのライオン紋章

出身のアンジュー伯ジョフロワがイングランド王女と結婚したことで、イングランドに移入され、ジョフロワが立像のライオン紋章を使用したのがイングランドのライオン紋章の始祖とされる（図11－1）が、その子のヘンリー二世も、一一七五年から立像のライオンの紋章を用いた。さらにその後継者リチャード一世が、三頭のライオンにしたというのが簡単な経緯である。

　フランスとイングランドの王と王女の結婚は、両国の紋章史においてさらに複雑さを加えることになる。ことの発端は、南フランス王ギヨーム九世の領地を、孫娘であるアリエノール・ダキテーヌ（一一二二頃～一二〇四）が継承したことにある。南仏育ちの奔放な彼女は、フランスのカペー家のルイ七世と結婚してフランス王妃となったが、生真面目な王とは性格が合わなかった。やがてルイ七世は彼女と不仲となり、一一五二年に離婚してしまう。彼女は離婚後二カ月という短期間を経て、同一一五二年に、今度はイングランドのアンリ・プランタジュネ（のちのヘンリー二世）と再婚をし、イングランド王妃となる。

　やがて再婚相手がヘンリー二世となってイングランド王に就任すると、彼女の南西フランスの領地アキテーヌはイングランド領となった。こうして図11－2に示したように、ブリテン諸島からフランスにまたがる広大なアンジュー帝国が生まれる。そのヘンリー二世とアリエノールの間に生まれたのが、リチャード一世である。彼は勇猛果敢な戦いぶりで有名となり、獅子心王という別名をも持つ。そして紋章を母方のアキテーヌ公の一頭のライオン（図12―1）を三頭にして一一九八年からそれを使用した（図12－2）。

▶11－1　アンジュー伯ジョフロワのライオン紋章

　しかし広大なプランタジネット朝のアンジュー帝国でも、王の不実があり、アリエノールは結局、ヘンリー二世とも不和になった。やがてこの両国の統合は、のちのイングランドのフランス王位継承をめぐる百年戦争（一三三七～一四五三）の遠因にもなるのである。

　時代は一四世紀に移り、フランスとイングランドは領地をめぐって対立し、百年戦争に突入した。その際、イングランドのエドワード三世（在位一三二七～七七）が南西フランスのガスコーニュの相続権を主張して、その証拠として、紋章を四分割し、再優位の右上（図版では左上）にフランスのユリ紋章を配置した（図13－1）。それをヘンリー四世（在位一三九九～一四一三）も継承し、フランスにおけるイングランドの領土の正当性の根拠にした。なお一三三〇年の時点における、大陸のガスコーニュは図13－2のような位置関係にあった。

　百年戦争初期の「クレシーの戦い」（一三四六年）では、イングランド軍がフランス軍を撃破し、圧勝した。その激戦の様子を描いた図（図14）が残っており、それを見ると、フランス軍の軍旗はユリ紋章であるが、イングランド軍も四分割した軍旗の最優先フィールドに同じくユリ紋章を配し、ライオン紋章を第二クオーターに後退させたままにしている。図をよく見ると、イングランド軍は長弓、フランス軍はクロスボウを使用していることがわかる。接近戦の場合、速射スピードが速い長弓が圧倒的に優位であったので、フランス軍は敗北したといわれている。しかし、その後百年戦争は、ジャンヌ・ダルク（七二ページ参照）の活躍もあり、しだいにフランス軍が優位になっていった。

　百年戦争は、一四五三年にフランス軍の勝利に終わり、イングランド軍は大陸から追い

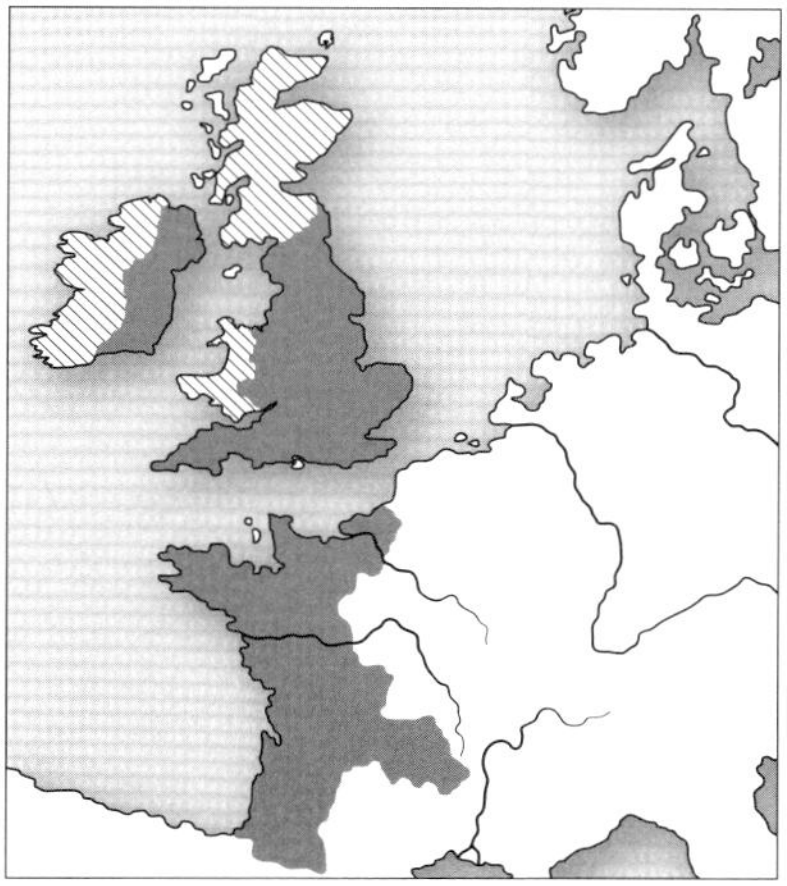

◀11－2　アンジュー帝国の領土。斜線部分は、イングランド国王の宗主権範囲

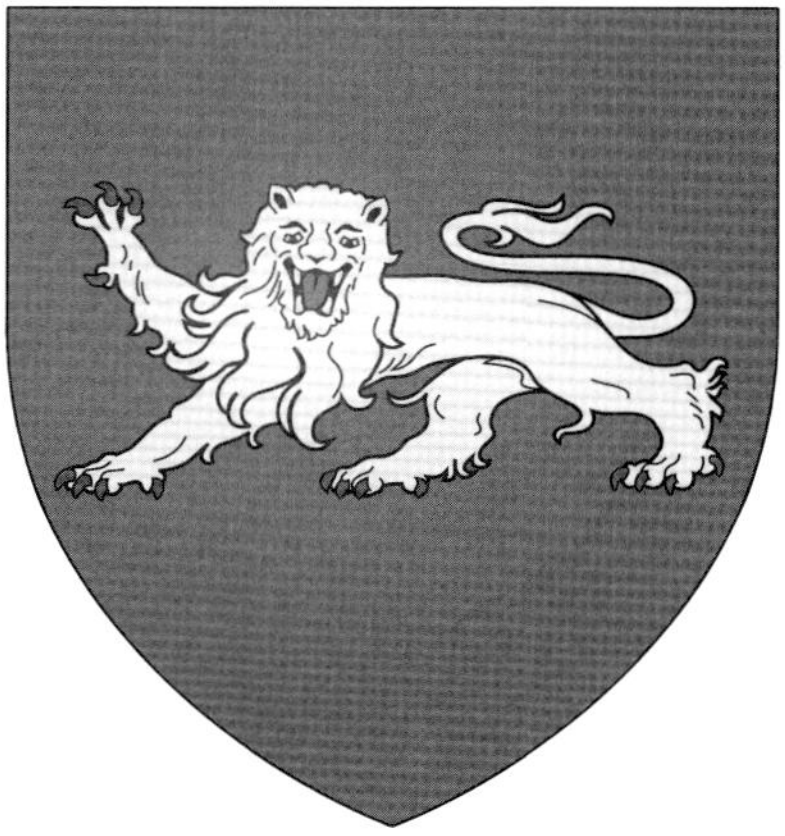

▲12－1　アキテーヌ公のライオン紋章

▲12－2　リチャード１世のライオン紋章

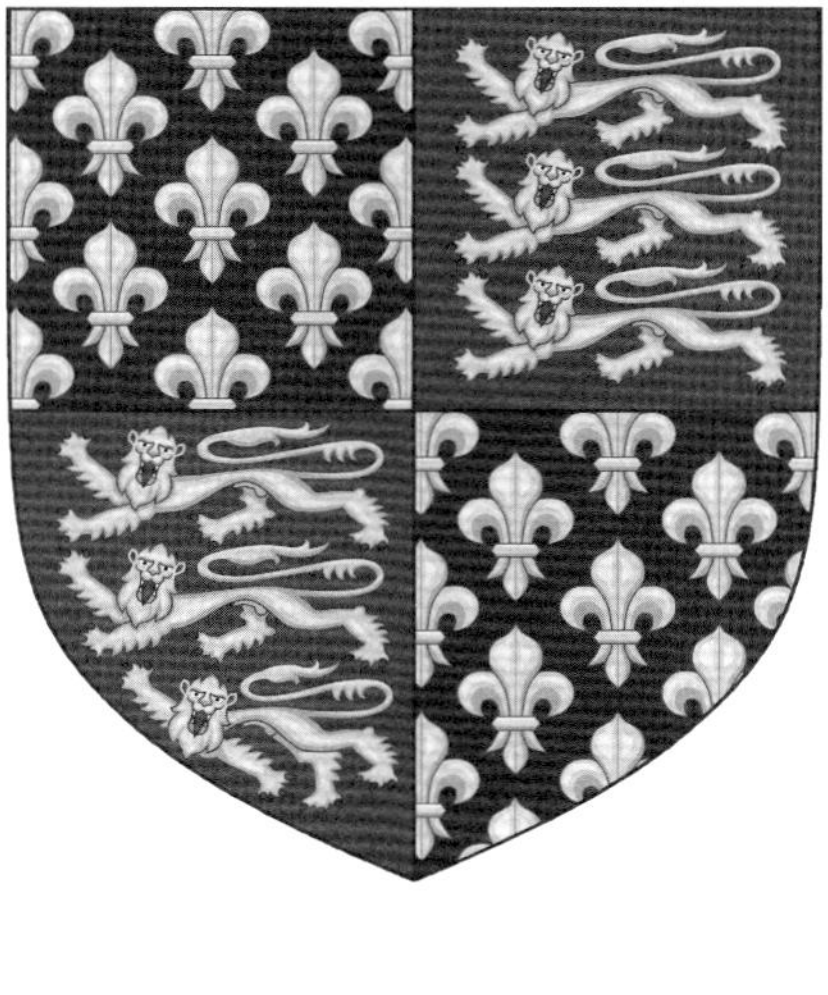

▶13－1　エドワード三世の紋章

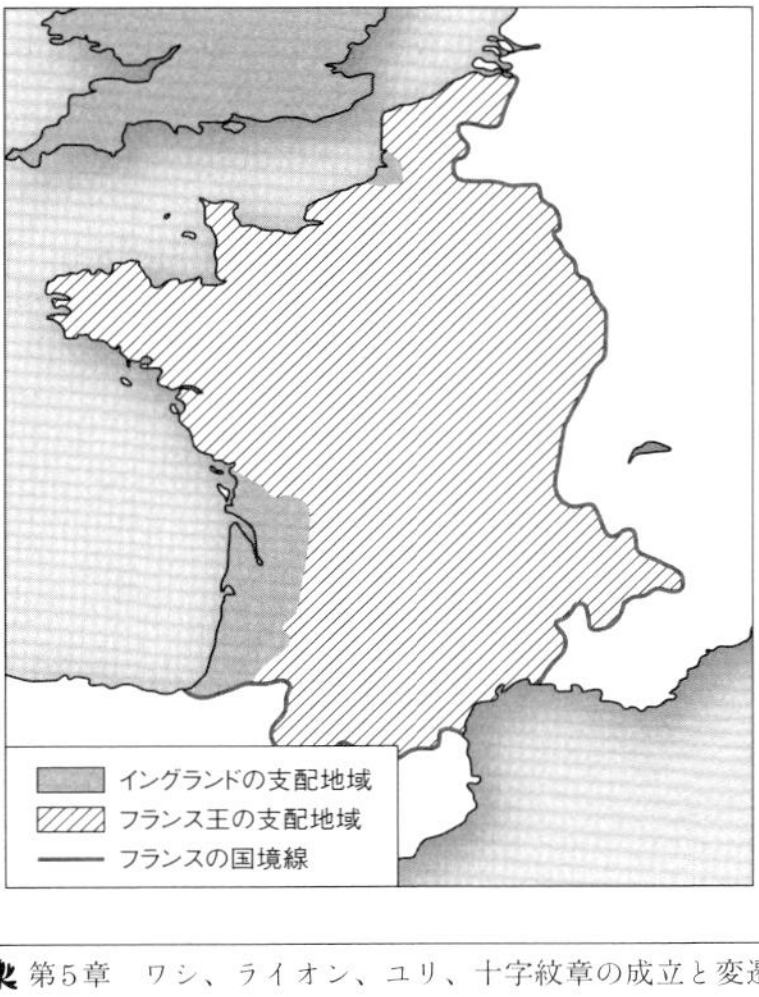

▶13－2　一三三〇年のフランスとイングランド。左下のイングランド支配地域がガスコーニュ

払われたが、イングランド紋章は一八〇一年までユリ紋章の入った四分割紋章を使い続けた。イングランド王家がヨーロッパ大陸への領土拡大の野望を捨てなかった証である。

イギリス国章

一七〇七年以降、グレートブリテン王国が成立したので、その後、日本ではこれを通称イギリスと呼ぶが、その国章は現在のエリザベス女王の大紋章と同一である（図15）。すなわち第一クオーター、第四クオーターにイングランド紋章、第二クオーターにスコットランド紋章、第三クオーターにアイルランド紋章のハープ、さらにサポーターとして左右にライオンとユニコーンを配している。なおユニコーンは獰猛なので鎖につないでいるという。

イギリス国章にちなんで、かつての大英帝国の一部であったカナダの国章にも触れておきたい（図16）。カナダはヨーロッパではないとはいえ、歴史的経緯からヨーロッパと関係が深い国家である。その国章の基本的モティーフはイギリス国章であるが、最下部の左右にテューダー・ローズ（八五ページ参照）が描かれているバージョンもある。大きく異なるのは、第四クオーターがユリ紋章になっており、その下に楓を添えている点である。楓はカナダの国旗のシンボルになっているので、このモティーフは当然であるが、ユリ紋

▲14　クレシーの戦い。右がイングランド軍、左がフランス軍。

章はケベック地方にフランス人入植者が多かったことを示している。左のバナー（小型旗）のイギリス国旗とともに、右のバナーのユリ紋章は、フランスとのつながりを示すと解釈することが可能であろう。

▶15 イギリス国章

◀16 カナダ国章

4 フランスのユリ紋章の由来と継承

フランスでもっとも有名な紋章は、すでに何度も引用したフルール・ド・リスであるが、ユリというよりは、アイリス（イチハツ）を描いたものであるという説の方が、花の形態から見ると説得力がある（図17－1）。この一般に広がっている言説にもかかわらず、中世のマリア信仰の影響によってユリ紋章という表現が定着した。ユリは聖母マリアのアトリビュート（属性）であり、慈愛と純潔のシンボルであるからだ。中世・近代の絵画では、ユリはマリアとセットで受胎告知などの場面で描かれることが多い（図17－2）。本来、

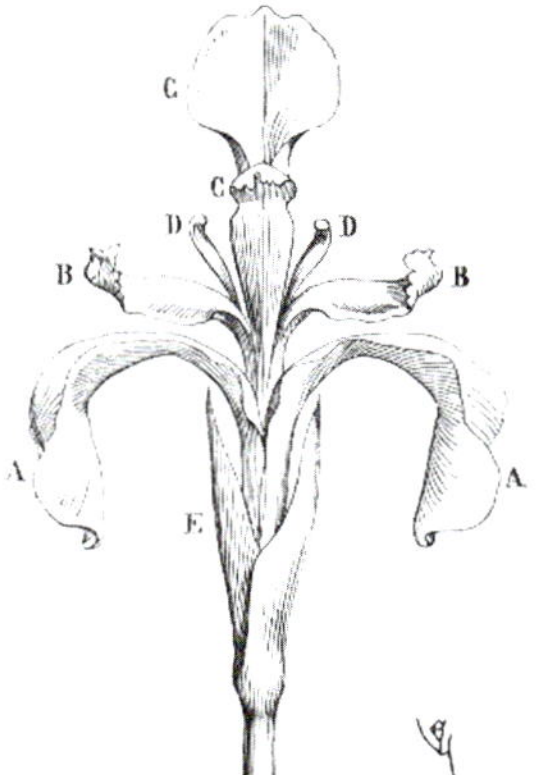

▶17－1 アイリス

◀17－2 受胎告知（フィリッポ・リッピ、アルテ・ピナコテーク蔵）

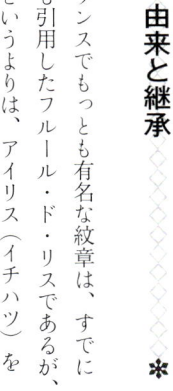

ユリは白であるが、ユリ紋章の場合、最高のものとして金色にされたと解釈できる。

以下、フランスのブルボン王室のユリ紋章の成立とマリア信仰、キリスト教信仰などのかかわりから、ユリ紋章の定着のプロセスを見ておこう。まずルイ七世がユリ紋章の始祖とされるが、実際にはルイ八世（在位一二二三〜二六）の戴冠式のときに、青地に金色のユリ紋章が登場している（図18）。

もちろんそれ以前、伝説ではシャルルマーニュ（カール大帝。現在のドイツ、フランス、イタリアを統一）も使用していたとか、シーリングスタンプなどの例は認められるが、王家のシンボルとして定着するのは、ルイ七世、八世あたりからであろう。この当時は、ヨーロッパ紋章の慣習が広まっていた時代であった。

ユリ紋章の特色は、青という色彩にある。中世から近代にかけて、ヨーロッパの色彩の嗜好が大きく変化した。中世には赤の染料（西洋茜）が容易に入手できたので赤が流行したが、その後、赤から青へ嗜好が変化してきた。それにはマリア信仰が深くかかわっている。

すでに述べたように、フランスでは一二世紀あたりからマリア信仰が広がり、ノートルダム（われらが貴婦人、すなわちマリア崇拝の造語）大聖堂が各地に建てられるようになる。この時代のゴシック教会では、キリストよりも「ノートルダム」と銘打ったものが多く、その典型例がシャルトル、パリなどのノートルダム大聖堂である。なぜ青とマリア信仰が結びついたのかというと、聖母マリアが天空にいるということで、青空のイメージが重なったと考えられている。したがってステンドグラスにも聖母マリアと青の世界が広がる（図19）。こうして聖母マリアのマントが青という絵画が、中世最盛期から近代にかけて定着していった。

このような時代の流れを背景に、シャルル五世は多数のユリを配した紋章から三つのユリ紋章に変更し、簡素化した。これがブルボン王朝の紋章として継承された（図20）。ユリが三つなのは、キリスト教における三位一体の意味を込めたからである。

図21に示すのは、バイエルン公（ヴィッテ

▲18　ルイ8世とブランシュ・ド・カスティーユの戴冠式（1223年）。『フランス大年代記』（1450年代）より。フルール・ド・リスをシンボル化しているが、のちの時代の制作なので、3つのユリ紋章が描かれている。

▼19　ノートルダム大聖堂の西バラ窓（1225年頃）

ルスバッハ家）の王女エリーザベト・フォン・バイエルンが、一三八五年夏、フランス王のシャルル六世（一三六八～一四二二）と結婚するために、パリへ入市したときの光景である。旗などには紋章学でいう右にユリ紋章が、左にバイエルン公の菱形紋章が分割合成されている。ファンファーレが吹き鳴らされ、多くの貴人が出迎えている様子が描かれている。よく見れば、ミ・パルティを着た宮廷道化まで動員されていることがわかる。当時の紋章を含めたシンボルが、いかに重要なメッセー

▲20　初期のユリ紋章（右）と1376～1792年のユリ紋章（左）

▶21　エリーザベト・フォン・バイエルンのパリ入市

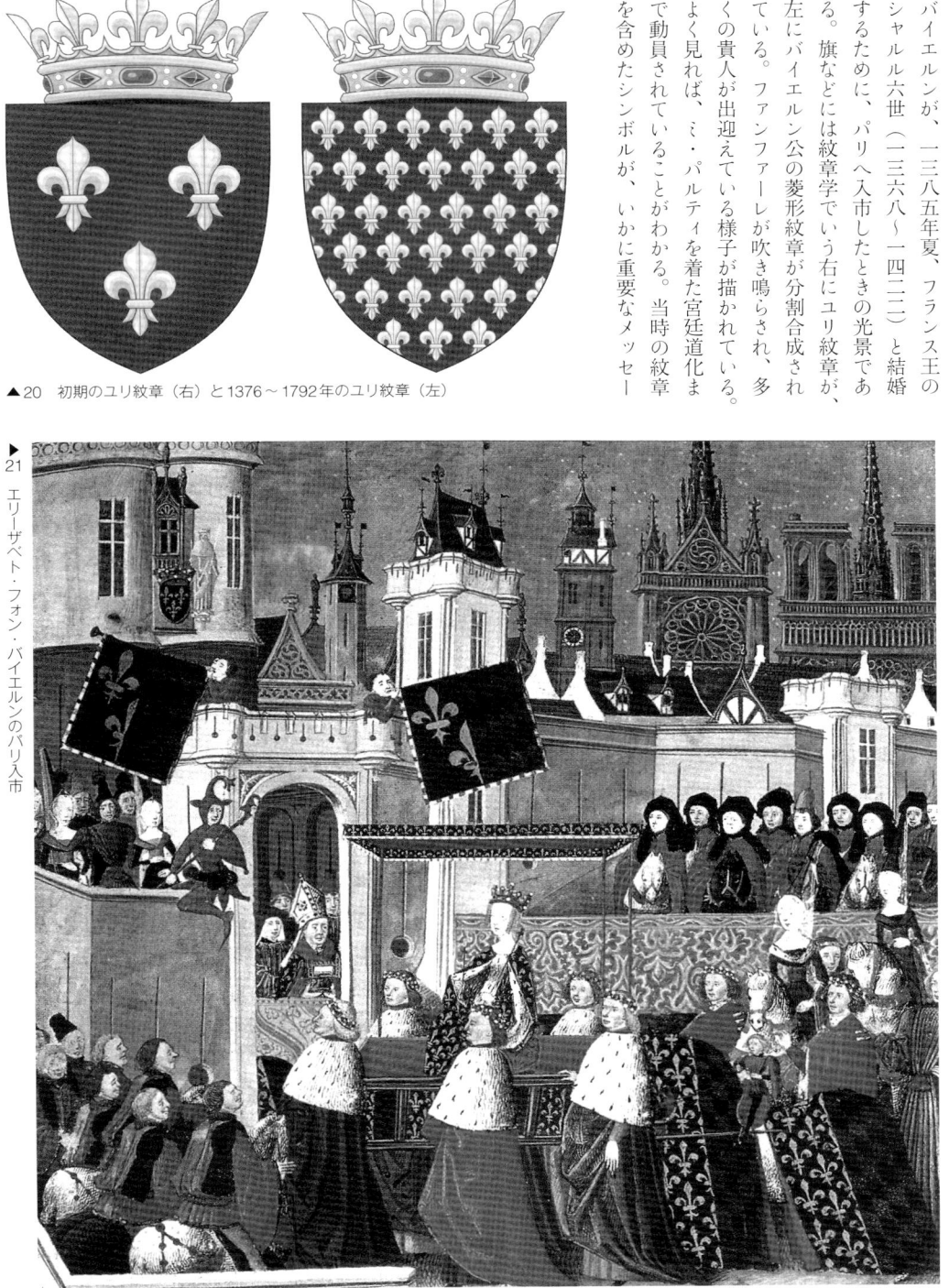

▲22　一四二三年の『ベドフォード公の時禱書』に描かれた三つのフルール・ド・リスの由来

ジを発するかが見てとれる。

　この時代は王権がキリスト教と深くかかわり、紋章の権威を強化しようとした。それを具体化したのが、『ベドフォード公の時禱書』のユリ紋章神授説である。時禱書に描かれた図は、一〇〇〇年も前のクローヴィス王（フランク王、在位四八一～五一一）伝説を持ち出した（図22）。

　それによれば、フランク王であったクローヴィスがキリスト教に改宗すると、天使がローマ教皇にユリ紋章を授けたという。教皇はいったんそれを聖者に渡すが、聖者から王妃がユリ紋章を受け取り、王に渡したというストーリーである。一五世紀にあえてこの話を神聖化したのは、ユリ紋章の権威を高めようとした意図があったからである。その際、とくに重要な点が二つある。ひとつは王妃が敬虔なクリスチャンであったこと、二つ目は異教の信者クローヴィスがキリスト教に改宗したという点である。こうしてキリスト教のおかげで、戦争に勝利することができたということを、この伝説は強調した。

▲23　ジャンヌ・ダルク家に下賜された紋章

　中世のユリ紋章に関しては、ジャンヌ・ダルク（一四一一／一二～三一）のユリ紋章をめぐるエピソードも興味深い。ジャンヌ・ダルクの歴史はよく知られているが、簡単に確認しておこう。彼女は一五世紀初期の百年戦争末期頃、イングランド王ヘンリー五世がフランス軍をアジャンクールの戦いで破った、フランス劣勢の時代に登場する。やがて一四二九年、ジャンヌ・ダルク率いるフランス軍は、イングランド軍が包囲していたオルレアンを解放すべく進撃した。神託を受けたとするジャンヌの証言が人びとを鼓舞し、大勝利をおさめ、シャルル七世は戴冠式を挙行することができた。

　オルレアン解放後の一四二九年末、シャルル七世はジャンヌ・ダルクの家族に紋章を下賜し、貴族に列することを決定した。もちろんジャンヌの家系が紋章を持っていたわけではなく、ジャンヌの戦功に対する褒章である。それは剣先の王冠を描き、左右にユリ紋を配したもので（図23）、ジャンヌの働きにより、王位とフランスが守られたことを示すデザインであった。王にしてみれば、愛国のヒロインを顕彰する必要があったのだろう。

　しかし一四三〇年、ジャンヌはシャルル七世の命によって、イングランドと同盟関係にあったブルゴーニュ公国軍と戦ったが、公国軍の捕虜となってしまう。やがて彼女はイングランド軍へ渡され、裁判の末、一四三一年に異端として火あぶりの刑に処せられた。その際、シャルル七世はジャンヌ・ダルクを助けなかったため、王がジャンヌを見殺しにしたという非難を払拭することはできなかった。

その後、フランスではジャンヌの復権運動が起こった。カトリックの反応は極めて遅かったが、ジャンヌは一九二〇年になってようやくベネディクト一五世によって聖別された。

　ユリ紋章はフランス革命、ナポレオンの統治ののち、一八一四～三〇年の間、王政復古のシンボルとして復活したが、それ以降の共和制においては、過去の歴史のシンボルとしてとどまった。なおライオンやワシのシンボルと違って、ユリ紋章はフランス以外ではあまり広がらなかった。

▲24　南仏から第七回十字軍に参加するルイ九世一行

▲25－2　聖ヨハネ騎士団紋章

▲25－1　テンプル騎士団の紋章

▲26　教皇派であったジェノヴァ（上）とマルセイユの十字紋章（下）

5 十字の紋章とキリスト教

十字架はいうまでもなくキリスト教のシンボルであったが、すでに述べたように、エルサレムの奪還を目指した十字軍の騎士が、遠征時に十字のシンボルを旗や楯に描くようになった（図24）。その流れから、十字の紋章が一三世紀にヨーロッパ中に拡大した。

　やがて十字軍の護衛集団であるテンプル騎

士団も十字紋章を採用し（図25－1）、さらにこれは聖ヨハネ騎士団（図25－2、マルタ騎士団）に波及した。当時、全盛期であったキリスト教は、こうして十字紋章を通じて宗教的権威を確立していった。

紋章の発展とともに十字架には、多種多様なデザインのヴァリエーションがつくられ、それは、都市紋章にも波及した。とくに教皇派であったジェノヴァの十字紋章、同様にマルセイユの十字紋章が知られている（図26－上・下）。

十字といえばスイス国旗のルーツとなった十字紋章も有名である。これは一二四〇年に、神聖ローマ皇帝から下賜された旗がルーツになっている。なお国際赤十字のマークはその赤白を逆転させたもので、赤十字運動に尽力したスイス出身のアンリ・デュナン（一八二八～一九一〇）の功績を称えて制定された（図27－1）。同じくイングランドのガーター騎士団紋章も十字をシンボル化している（図27－2）

▲27－1　赤十字紋章

▲27－2　イングランドのガーター騎士団紋章

▲28　教皇紋章

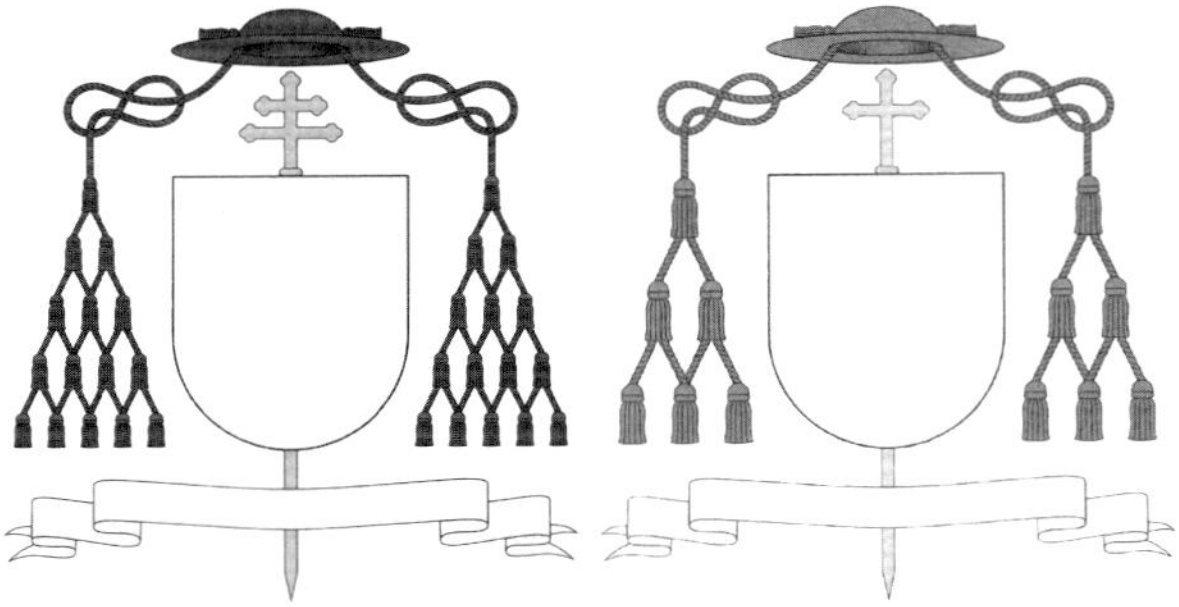

▲29　枢機卿紋章（左）と司教紋章（右）

カトリックの紋章体系

カトリックのシンボル体系に紋章が導入されたのは、およそ一三世紀頃であり、それは聖書の記述と深く関連付けられた。聖書によると、初代「教皇」のペテロがキリストから鍵を継承されたが、その鍵は天国と地獄の鍵とされ、教皇権のシンボルとして、代々の教皇に授与されてきたという。やがて教皇ヨハネス二二世（在位一三一六～三四）が、騎士の完全紋章と類似した三重冠、楯、交差した鍵からなる教皇紋章を導入した。なおその後楯には、教皇の出身紋章を描くのが慣例になった（図28）。

騎士から始まった紋章は、ローマ・カトリックにも波及したが、さらに枢機卿や司教にも紋章体系が拡大された。枢機卿紋章の場合は赤色の枢機卿帽子、十字架のシンボル、左右に赤色の飾り房（数が多いほど位階が上とされ最高は一五）と下部にはモットーが、司教紋章の場合、緑色の司教帽子、十字架のシンボル、左右に緑色の飾り房（同様に最高は一五）と下部にはモットーが体系化された（図29）。もちろん楯には出身紋章が描かれる。こうしてシンボルによるカトリック体系の視覚化が行われたが、プロテスタントはカトリックの伝統を否定し、紋章制度を廃止した。

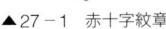

第六章

シンボル表象にまつわる伝説

1 太陽と月の騎乗槍試合

天体の紋章のシンボルとして、ヨーロッパで圧倒的に多いのは星である。文豪ゲーテもひとつ星の紋章を所有していた。人気の星に対して、太陽と月は数としては少ない。とくに月はイスラームで好まれたシンボルであったので、十字軍での戦いの経験から、キリスト教世界では避ける傾向があったといえる。なお太陽は、紋章に使用されたときに顔をイラスト化することが多かった（図1）。

図2に引用したのは、太陽と月が騎乗槍試合をしている場面であるが、これは遅くとも一四世紀に描かれたもので、騎乗槍試合最盛期の時代を背景にしている。向かって左が太陽で男性、右が月で女性を示している。ここでは、紋章学的には左右が逆転するので、太陽が優位であることを暗示している。太陽と月が騎乗している動物は左がライオン、右がワシのように見え、後ろ脚はライオンであるが、これらは本来、紋章のシンボルとしては圧倒的に一、二位を争っていた。

▲1　月と太陽の紋章

ただし楯をよく見ると、太陽が月の紋章を、月が太陽の紋章を付けている。つまりそれぞれが逆転しているのである。いうまでもなくこれは、昼と夜、光と闇が交代することを暗示している。さらに男性と女性も立場が入れ替わり、勝者、敗者として固定しないということも図像学的に示している。

太陽と月は、ギリシャ神話の時代から、太陽神アポロン、月の神アルテミスと対比されてきた。また一二一五年に教皇イノケンティウスは、ラテラノ公会議で「教皇は太陽、皇帝は月」と述べたが、宗教的支配と政治的支配は対立することが多く、確執を繰り返してきた。まさかそのことに対するアレゴリーではなかろうが、太陽の中に月が、月の中に太陽が内在しているという引用した図像の方が、妙に説得力を持っている。

本来、ヨーロッパ文明は二者択一を旨とし、

◀2　太陽と月の騎乗槍試合

天国と地獄、神と悪魔、正義と虚偽、イエスとノーなど、白黒をはっきりさせるという特色があった。確かに両義性の発想は近代に生まれたもので、弁証法などはその典型例である。すなわち中世は男性中心社会であったが、騎士は貴婦人のために戦い、貴婦人は騎士を応援するという騎乗槍試合のメカニズムや、貴婦人を崇める騎士道精神にその萌芽を読み取るのは、深読みしすぎかもしれない。しかしのちにヴェネチアのカーニヴァルで、太陽と月をひとつに合成した仮面が出現するのも、この図像の延長線上に位置づけられる。いずれにせよ引用した事例は、中世後期に成立した両義性を表す意味深長でユニークな図案である。

2 ミツバチ紋章へのこだわり

ヨーロッパ人のミツバチ観

古代からハチミツは不老不死の薬とされ、エジプトのファラオをはじめ、ヨーロッパでも王侯貴族がこれを独占していた。砂糖がなかった中世の時代には、それは貴重な甘味料であり、ハチミツ酒にも利用したことでも知られている。ミツバチは（女）王バチ、勤勉な働きバチ、子育てバチなどの分業システムによって、秩序ある共同社会を形成していた。中世人はこれらの社会の、独特なアレゴリー解釈を行った。

まず中世では、唯一の王バチがハチの巣全体を統括していると考えられた。これはカトリックのローマ教皇を頂点とする宗教体系のモデルとされ、そのためハチの巣が聖者の属性となった（聖アンブロシウス、聖ベルナルドゥスなど）。さらにミツバチの世界と無原罪の思想が結びつけられ、王バチは性の交わりなく、子孫を増やしていくと解釈された。王バチではなく女王バチを中心としたミツバチの生態は、自然科学が発達した一七世紀から認められるようになった学説である。

同様にミツバチの社会は、国王を頂点とした封建社会の調和の取れた王国のモデルとなった。世俗の国王にとっても、それは各人が役割を分担し、勤勉に働く理想的世界に見えたからだ。そのためにミツバチは紋章にも取り入れられるようになった（図3）。以上のように、ハチの社会はキリスト教の宗教的体系と世俗の政治的体系の手本とみなされたのである。

▲3　ミツバチの巣をシンボル化した紋章

ローマ教皇ウルバヌス八世のミツバチ紋章

ローマ教皇ウルバヌス八世（在位一六二三〜四四）は、もともとイタリアのバルベリーニ家出身であった。最初は伯父の引き立てによって教皇庁に勤務し、最後に教皇に上り詰める。ウルバヌス八世はローマ教皇になると、教皇紋章に出身家のミツバチ紋章をアレンジした（図4）。さらに教皇は当時の著名な彫刻家ベルニーニに「ミツバチの泉」を制作させ

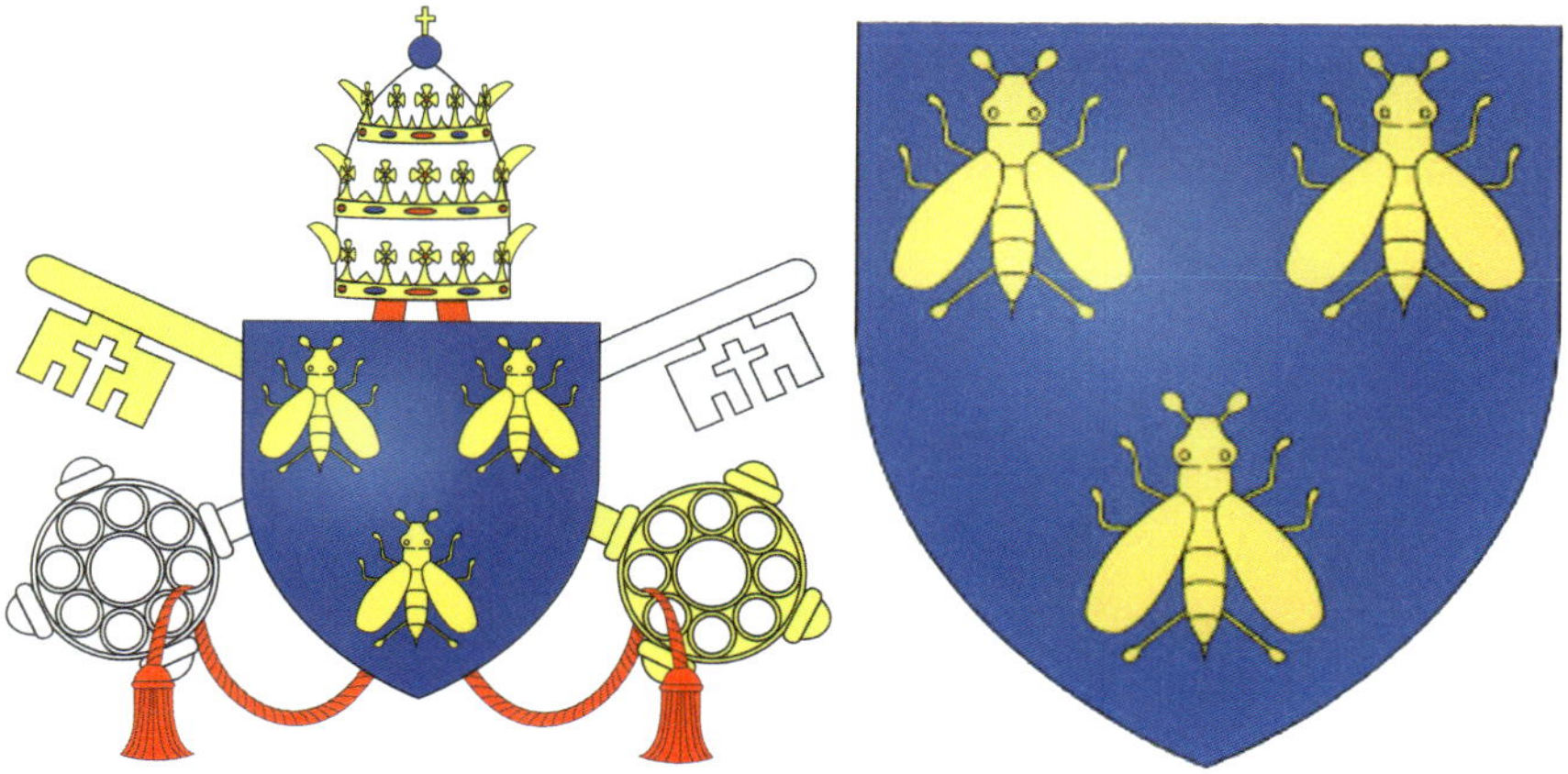

▲4　バルベリーニ家の紋章（右）とウルバヌス8世教皇紋章（左）

▶5　ミツバチの泉（写真提供：PPS通信社）

たが、これは貝に止まった三匹（三位一体）のミツバチが水を飲んでいる図案である（図5）。現在でも、イタリアのローマ観光のスポットになっているが、由来を知らないと見過してしまう。

ナポレオン一世とミツバチのシンボル

フランス革命において、紋章は王侯貴族の権威のシンボルとして断罪されたが、その後、権力の座についたナポレオンは紋章を重視し、支配の体制を合理的な紋章体系によって明らかにした。その際ナポレオンは、とくにワシとミツバチのシンボルを導入した。ナポレオン紋章の図案は紋章学でいう左向きワシ（伝統的なワシとは逆）を採用したが、ヘルメットカバー代わりのマントや調度品にミツバチ文様をちりばめている（図6）。ミツバチにこだわったのは、やはりハチ社会の秩序を、統治の理想としたからであるが、エジプト遠征時に当地のエンブレムや建物に関心を持ち、

▲7　エルバ島でのナポレオンの旗

▲6　ナポレオン大紋章

アンピール（ナポレオン一世の帝政期の装飾）様式を定着させたこととも無関係ではない。またエルバ島に島流しになったときには、彼はそこの旗を三匹のミツバチに変更させた（図7）。

ナポレオン紋章の体系の中には、占領した都市に付加紋章を与えるというルールがあり、配下に置いたドイツの重要な都市、ハンブルク、ブレーメン、ケルン、マインツなどは一等都市とし、赤地の紋章のフィールドの上部に黄金のミツバチを配置した。たとえば図8に引用したマインツ、ブレーメンの一八〇九～一一年の紋章は、赤地に三匹のミツバチであった。なお三等都市まであって、それはミツバチの数や色で区別をした。

▲8　ナポレオン占領時代のマインツ（右）とブレーメンの紋章（左）

3 骸骨の紋章が語るもの

ルネサンス期のドイツの画家・版画家デューラーの「死の紋章」（一五〇三年）は有名な版画である（図9）。楯の中に描かれた頭蓋骨は、一般にペストによる死の恐怖を表現したものとされるが、紋章学に通じていたデューラーは、野人の獲物の羽根をヘルメット飾りに、野人と花嫁を楯持ち（サポーター）に見立てているのである。デューラーは、さりげなく紋章の構図を用いて、野人と花嫁という生命力と頭蓋骨で死を提示したのである。

同じくホルバイン（一四九七／九八～一五四三）も死をテーマにした紋章を描いた（図

◀9　デューラーの「死の紋章」

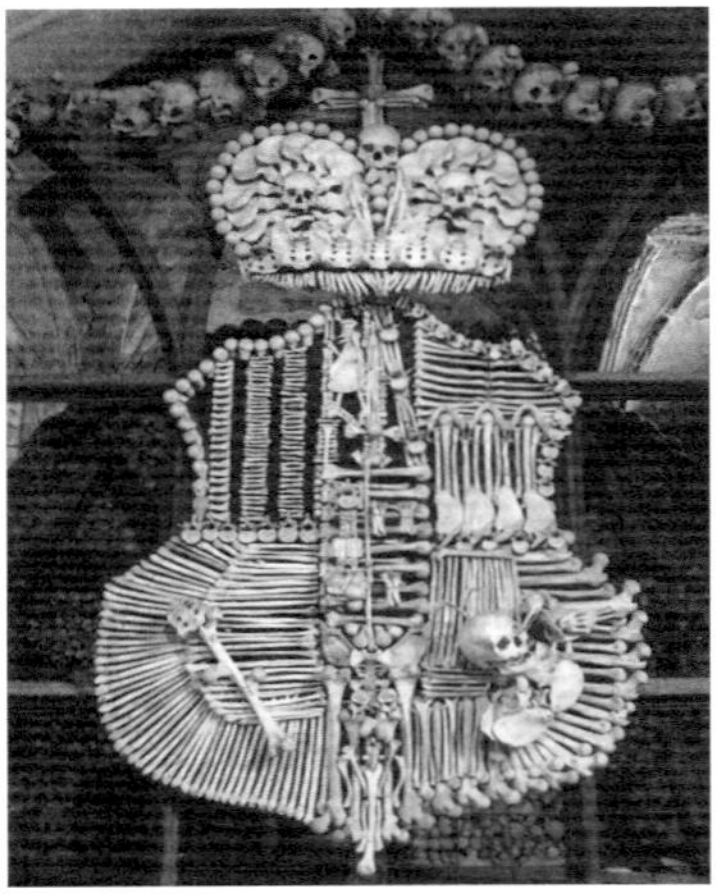

▶10　ホルバインの「頭蓋骨紋章」
◀11　クトナー・ホラ教会の人骨の紋章

10）。これも頭蓋骨を正面に据え、メメント・モリ（死を思え）の思想を表したものである。楯持ちに男女を配し、ヘルメット飾りには時を刻む砂時計を描いた。この時代は死のシンボルを直視した図像が多く、これが一種の美学潮流の主流を形成していたことがわかる。

プラハからおよそ六三キロ離れたクトナー・ホラの教会には、シュヴァルツェンベルク侯爵家の遺骨が納められている。ここは特異な教会で知られ、教会内には四万人の遺骨が保管され、紋章も人骨でつくられている（図11）。これはカタコンベの納骨堂の伝統を踏襲しているものと考えられる。

また、イギリスの北アイルランドのロンドンデリーの都市紋章は、「思案する骸骨」で有名である（図12）。これはアイルランドとイングランドの確執の中で生まれた紋章であるが、カトリックとプロテスタントの抗争を経て、勝利したプロテスタントが、カトリックを揶揄して骸骨化したと解釈されている。

▲12　ロンドンデリーの紋章

4 聖ゲオルギウスのドラゴン退治と紋章

東洋では竜は神の化身として崇められてきたが、ヨーロッパのドラゴンは悪のシンボルとされる。それは聖ゲオルギウス（ラテン語表記、英語では聖ジョージ、ドイツ語では聖ゲオルク）がドラゴンを退治したという伝説にもとづく。ドラゴン退治はキリスト教と密接にかかわり、その勝利を示す図像と結びついた（図13）。というのもキリスト教がドラゴンを不倶戴天の敵と見立て、絶えず悪のシンボル化として攻撃の対象としたからである。こうしてゲオルギウスが神の代理人として聖者となり、その延長線上に騎士が槍でドラゴン退治をする構図が継承され、ヨーロッパのキリスト教社会の中で、デフォルメされることなく、現在までこの構図が繰り返して登場している。

▲13　一三世紀、ドラゴンを退治する聖ゲオルギウス（ヴェローナ、英語版）

都市紋章において聖ゲオルギウスは、その都市の守護聖人となることがあった。たとえばモスクワ市の市章も竜退治の構図になっている（図14）。これはモスクワ大公、ドミートリー・ドンスコイ（在位一三五九〜八九）が外敵からモスクワを守ったので、守護聖人に祭り上げられ、竜退治のゲオルギウスと同一視されるようになったと伝わっている。この聖ゲオルギウス伝説は、現在に至るまで同一

▲14　モスクワ市章

▲15　ドイツのフルト・イム・ヴァルトのドラゴン退治（写真：Armin Weigel / picture alliance / Getty Images）

パターンで継承されてきた。

チェコとの国境に近いドイツのフルト・イム・ヴァルトでは、伝説のドラゴン退治が祭りのイベントとして実演される（図15）。解説によると、五〇〇年の伝統がある祭りである（フス戦争のときのフス派の侵入をドラゴンに見立てたという説が有力）。長さ一六メートルもある巨大なドラゴンが、実際に火炎を吐きながら暴れまわり、聖ゲオルクが剣を持ってこれを屠るのであるが、近年はドラゴンがハイテク化され、自走で動き回るので、リアリティ満点である。筆者も実物を見学したが、その迫力に圧倒された。この光景を見ると、聖ゲオルク伝説が人びとに好まれ、紋章のモティーフに流入したのが実感できる。

▶16　聖母マリアとユニコーン

◀17　ディートマー・フォン・アステの紋章（一三二〇年）

5 ユニコーン伝説と紋章

ユニコーン（一角獣）は伝説上の動物であるが、ウマに似た姿をしており、さらに頭に

▲18　フォン・ニムプッチュ家の紋章

ねじれた角を持っている。ユニコーンは通常、獰猛でどんな敵に対しても挑んでいき、手に負えないが、処女あるいは聖母マリアには従順で、膝に乗ったり、言うとおりのことをしたりしたという（図16）。

また伝説では、処女を使ってユニコーンを捕獲することがまことしやかに語られてきた。すなわち森の中に処女を配してユニコーンをおびき寄せると、それは従順になり、容易に捕獲することができたという。おびき寄せた処女が本当はそうでなかったなら、ユニコーンは彼女を角で刺し殺した。これは中世からよく知られたユニコーンの特性であるが、キリスト教徒世界観と深い関係にある。この伝説はマリア信仰を背景にしており、性をネガティヴなものととらえる風潮を示している。

ユニコーンが紋章のモティーフとして好まれたのは、尖った角の特性から、騎乗槍試合の槍にたとえられたからではないだろうか。騎士がこのシンボルを楯に描いたのは、果敢に相手を突き倒す戦闘精神を鼓舞するためであったと推測できる。事実、紋章でもそうであったが、騎乗槍試合の槍にもユニコーンの角と同様に螺旋の文様を描くことがあった（図17、図18）。

こうしてユニコーンは紋章成立の初期から、紋章の楯に描かれたり、サポーターとして楯持ちになったりしたが、角はほとんどが向かって左向き（紋章学では右向き）である。それはキリスト教神学では、正義の動物と見なしていたからである。なお聖母マリアが抱いているユニコーンの角は逆向きであるが、これは聖母マリアを右優位に解釈しているという理由による。

しかし伝説の聖母マリアとユニコーンの組み合わせは、一見すると性を排除した世界のようであるが、言うまでもなく深層心理学的には、ユニコーンの角は男性のシンボルそのものであり、聖母マリア信仰は騎士の貴婦人への愛に置き換えられる。したがって、ユニコーン伝説は性の奥深い世界へも通じることを暗示させる。

6　デフォルメされたメリュジーヌ伝説の紋章

メリュジーヌは上半身が女性で、下半身がヘビ（魚）の姿をした、一種の妖精である。伝説に登場するが、美女に変身した彼女は、貴族の男性に求婚され、結婚する。その際に

◀19　メリュジーヌ伝説

夫に入浴している姿を見るなと約束させたが、入浴中にヘビの姿を夫に見られて、離別するという展開となる（図19）。これはメルヘンでいう異類結婚譚に分類できる。しかしヨーロッパでは、異類結婚はメルヘンでも回避され、排除の対象となっていった。というのもキリスト教は異類結婚を否定したからである。

　かつてこの伝説も紋章のモティーフとして登場したが、キリスト教によって異類結婚譚が排除されると、紋章も少数派となっていった。その後、ヘビの尻尾は魚に変化していく。すなわち聖ゲオルギウス伝説、ユニコーン伝説はキリスト教の教義にしたがっていたので、シンボルはそのまま継承されてきたが、メリュジーヌ伝説はアンチキリストであったので、いろいろデフォルメされてきたという経緯をたどっている。その例をいくつか挙げてみよう。

　図20－1は、一三九〇年に由来するというワルシャワの紋章である。漁師ワルスとサワ（ワルシャワの語源）が川で人魚を捕獲したが、解放してやると彼らは裕福になった。それ以降、ワルシャワはこのシンボルを紋章に導入した。これはメリュジーヌ伝説の変形であるが、同様のヴァージョンは各地に広まっていく。

　図20－2の紋章は地中海地方で広がったマーメイド紋章の系譜であるが、これもルーツはメリュジーヌであるとされる。紋章上では対称的な図案にするために、足の代わりに二匹の魚に置き換えている。さらに紋章学は合成を得意とするので、ワシと合成（図20－3）したり、グリフィンと組み合されたりして、さまざまなヴァリエーションが生み出された。その結果、ヨーロッパ紋章ではメリュジーヌ伝説がデフォルメされ、ユニークな紋章として変貌を遂げたのである。

▲20－1　ワルシャワの都市紋章

▲20－2　イセン都市紋章（ドイツ）

▲20－3　デフォルメされたメリュジーヌ

第七章

紋章が語るヨーロッパ史

▲1－1　初期ホーエンシュタウフェン家の紋章

▲1－2　フリードリヒ2世の紋章

1 名門ホーエンシュタウフェン家の最後

ドイツのホーエンシュタウフェン家は、歴代の神聖ローマ皇帝を輩出する名門であった。とりわけ中世の神聖ローマ皇帝フリードリヒ二世（一一九四～一二五〇）は傑出した人物である。皇帝は古代ローマ帝国の再興を夢見て、地中海のシチリアに本拠地を置きながら、イスラームとの融和政策を行った。そのためローマ教皇から二度の破門宣告を受けても、動じることはなかった。この家系の紋章は三頭のライオン（図1－1）であったが、フリードリヒ二世は父ハインリヒ六世（『マネッセ歌謡写本』のトップに出てきた皇帝）が使用していたワシの紋章を継承し、自分の紋章は小楯に出身母体の三頭のライオンをあしらったものとした（図1－2）。

◀2　タカ狩りに興じるコンラーディン（右、『マネッセ歌謡写本』）

フリードリヒ二世は、シチリアに生まれ育つが、家系がドイツ出身であったので、イタリアのローマを本拠地とするカトリックの教皇と、それを後ろ盾とするフランスのルイ九世と対立し、イタリアの平定を完全に実現する前に死去した。それはフリードリヒ二世の子コンラート四世（一二二八～五四）に引き継がれ、教皇派が後押しするフランスとホーエンシュタウフェン家はしのぎを削った。しかしコンラート四世は若くして病没してしまう。

幼少の身で遺産を受け継いだその子コンラーディン（図2、一二五二～六八、フリードリヒ二世の孫）は、一六歳のときにフランスのシャルル・ダンジュー（図3、一二二六～八五、ルイ九世の弟）率いる軍と戦った。しかしローマ教皇を後ろ楯とする老練なシャルル・ダンジューは、若い経験不足のコンラーディンをイタリアのナポリで破り、捕虜とした。

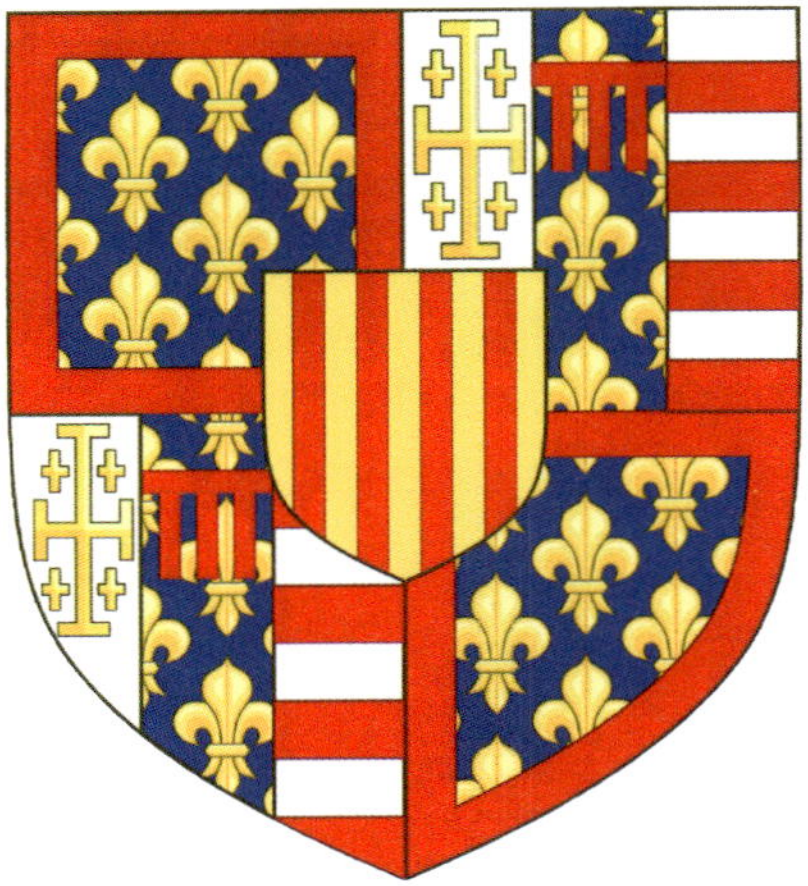
▶3　ユリ紋を組み込んだシャルル・ダンジューの紋章

▶4　ナポリの広場におけるホーエンシュタウフェン一族の公開処刑

このコンラーディンは『マネッセ歌謡写本』では二番目にランクされる高位王侯で、名門ホーエンシュタウフェン家の御曹司であった。銀の十字の紋章を持っていたが、これはエルサレム王としての紋章であった。だからタカ狩りの図2はこのような紋章になっているのである。なお絵のコンラーディンは、童顔に描かれている。

一方のシャルル・ダンジューは、ホーエンシュタウフェン家の一掃を図り、その一族は、一二六八年一〇月二九日にナポリのメルカート広場で公開処刑された。当時コンラーディンはわずか一六歳の少年で、その処刑は多くの人の涙を誘った。平敦盛のヨーロッパ版とも

▶5－1　恥辱のシンボル（逆向きにされた紋章）

▶5－2　恥辱の服、サンベニート

いえよう。この事件をめぐっていくつかの絵が描かれているが、引用するのはもっとも鮮明なものである。ただし描かれた時期は、処刑からはるかのちの一七世紀と比較的新しい。

　図4に示すのはナポリの広場における公開処刑の光景である。コンラーディンの紋章はすでに示したように、ホーエンシュタウフェン家の三頭のライオンである。この図では、広場の左側に立つ二人の足元に、ユリ紋章と三頭のライオン紋章が配されている。紋章学でいう右側に配されたユリ紋章と左側の三頭のライオン紋章によって、勝者と敗者の対比がなされている。さらに処刑されるホーエンシュタウフェン家の一族の紋章が羅列されている（図4）。

　なお図の右下の旗のライオンは、意図的に反転させ、紋章学でいう左向きに描かれている。本来のシュタウフェン家の紋章は図1－1に示したように、紋章学でいう右向き（右優位の原則）である。しかも処刑執行人が左利きの人物のように描かれ、一見奇妙である。

◀6　ランカスター家の赤バラとヨーク家の白バラを合成させたテューダー・ローズ

さらに勝者シャルル・ダンジューは紋章学でいう右側（右優位の原則）の位置に描かれ、処刑を見届けている。これは図像によって勝者と敗者の立場を明確に示していると判断できる。

　このような表現方法は恥辱の紋章と解釈され、紋章は王自らが臨席した処刑のセレモニーでも、勝者、敗者の対照的な光景を示す。紋章が敗者に対する恥辱のシンボルであったのは、歴史的にいくつか事例がある。図５－１は処刑された側の紋章が逆さになっている。このようなことはまれではなく、アウト・デ・フェ（異端判決宣告式）の恥辱の服サンベニート（図５－２）もその系譜である。

▲７　エドワード３世の紋章

▲８－１　四男ジョン・オブ・ゴーントの紋章

2 紋章から見たバラ戦争の真相

　イングランドとフランスが戦った百年戦争のあと、イングランドのランカスター家とヨーク家が、王位継承をめぐる戦争を起こした。これはのちにバラ戦争（一四五五～八五）と呼ばれたが、両軍が赤バラと白バラをシンボルにして三〇年間戦ったとされる。結局、ランカスター家のヘンリー七世（在位一四八五～一五〇九）がバラ戦争を収束させるが、両家の和解を示すために、赤バラと白バラを合成して、テューダー・ローズというシンボルを生み出したというエピソードはよく知られている（図６）。

▲８－２　五男エドマンド・オブ・ラングリの紋章

　確かにそれぞれ赤バラ、白バラの紋章を持った騎士同士の戦いから、テューダー・ローズへの和解という展開に、ロマンとストーリー性を感じる人は多い。だからバラ戦争というネーミングがふさわしいと考え、現在でもそれが使用されている。しかも巷間では両軍が白バラと赤バラの紋章を付けて戦ったと信じる人が後を絶たないのも事実である。

　ところがバラ戦争の名称はのちのシェイクスピアの『ヘンリー六世』やスコットの『ガイアスタインのアン』の影響で付けられたもので、本来の名前ではなく、もちろん両家がバラの紋章を付けて戦ったわけではない。ではこの戦いの真相について、紋章学の視点から解明してみよう。

　まずそもそも赤バラ、白バラは両家の紋章ではなかったことを前提にしなければならない。その証拠に、楯の中に赤バラと白バラを描いた両家の紋章はどこにも存在しない。両家にはれっきとした別の紋章があった。ランカスター家もヨーク家も、もともとイングランド王エドワード三世（図７）の五人兄弟の四男ジョン・オブ・ゴーントと五男エドマンド・オブ・ラングリであって、二人とも父の紋章を受け継いでいた（図8－1、2）。違うのはレイブル（五六ページ参照）の模様で、兄弟を差異化（ディファレンシング）するために、兄には黒の三つ葉模様を、弟の方に赤の丸印をそれぞれ三つずつ付けている。

　もうひとつ目に付くのは、紋章学でいう四分割（クオータリング）の右の最優先フィールドに、ユリ紋章を配置している点である。百年戦争の際に、イングランドがフランス王家の相続権を紋章によって誇示したことは先述した（六六ページ参照）が、このユリ紋章はそれを踏襲しているのである。しかもここでも厚かましく、フランス王国の第一の相続権を主張するために、ユリ紋章を最優先の位置に配している。

　このような事情のため、王位継承をめぐって両家が戦争を始めたとき、両家の紋章を旗印に掲げても、違いはレイブルだけであるので、識別の機能を果たすわけがない。もちろん紋章衣を着ている図版も残されてはいるが、それはどちらの陣営か、図像学的な識別のために描かれた紋章衣であるように思える。

　そこでヨーク家は白バラのバッジを用いた。それは紋章に代わる識別の機能を持っていたからだ。戦争初期にはヨーク家の白バラのバッジだけであったが、後半になってランカスター家の赤バラのバッジが加わった。その意味でも、実質的にはバラ戦争でなかったので、ネーミングがおかしいと歴史家は指摘しているのである。ただし最終的に、これがかつての源平合戦の際に掲げられた、紅白の旗のようなシンボルの様相を呈した事実は否定できない。

　バラ戦争の勝者ヘンリー七世は、ヨーク家の王女エリザベスと結婚して、両家の争いに終止符を打った。そして赤バラと白バラを図6のように合成したのが、テューダー・ローズである。これは紋章学でいう一種のマーシャリングで、美的形状や色彩感覚を損なわず、しかも誰にもわかる見事なアイディアである。おそらくイングランドの紋章官の発案だと推測される。

　なおテューダー朝を開祖したヘンリー七世の大紋章は、図9のようなものであったが、紋章は相変わらず、ユリ紋とライオン紋を用いている。またヘンリー七世のユリ紋がここでは先祖と違って数が三つになっているのは、フランスでユリ紋の数を三つにしたので、イングランドもそれに合わせて、ちゃっかり継承権を主張していたからである。ただしテューダー・ローズはバッジと位置づけられ、紋章の下部、あるいはヘルメット飾りの部分に描かれて、和解のシンボルとされた。

▲9　ヘンリー7世の大紋章

3 ルターのバラ紋章の黒い十字

　ルター紋章は、五弁のバラをシンボル化したものであることはよく知られているが、これは一五三〇年、シール（印章）をもとにルターが考案したものと伝えられており、もちろんイングランドの白バラとは直接関係はない。むしろカトリックの紋章体系に対抗するために、プロテスタント側のシンボルを創設したものと考えられる。シンボルは当時の識字能力のない人びとが多い時代には、宗教政策上でも重要な意味を持っていたからである。その後、ルターの白バラ紋章は、ルター派の教会のシンボルにもなり、教会だけでなく個人紋章や都市紋章にも拡大していった。

　ルターのバラ紋章にはいくつかのヴァージョンがあるが、まずドイツ語の標語をアレンジした図10－1を見てみよう。そこには「キ

▲10－1　ルターのバラの紋章。標語付き

▲10－2　ルターのバラの紋章

リスト教徒の心は、十字架の真下にあるとき、バラに向かっていく」と書かれており、意味深長なバラのシンボルを暗示している。花芯の赤いハート地の中心部に黒い十字、それを囲む五弁の白バラ、さらに周囲の青色、外側に金色の輪がアレンジされている。もう一つは同じ構図であるが、ドイツ語がなく、花弁の位置が異なり、上部の正面で平行にし、バランスを整えている（図10－2）。

　このバラ紋章についてルターは、一五三〇年七月二〇日のラザルス・シュペングラー宛の手紙で「わたしの神学のしるし（紋章）」として次のように述べている。

　これは、第一に十字架であり、それは、自然の色をした心臓の中に黒く描かれています。これによってわたしたちは自ら、十字架に架けられた神を信じる信仰がわたしたちに至福をもたらすことを、わたし自らに思い起こさせんがためです。なぜなら、人が心から信仰するならば、神の御心にかなうからです。これが黒い十字架であるというのは、死に至ることであり、痛みを与えるものだからです。それにもかかわらず、心臓が自然の赤い色をしているのは、自然（本性）が朽ち果てず生命力を持っているからです。十字架は殺すためではなく、生かすためにあります。「神の御心にかなう人は信仰によって、十字架に架けられた神を信じる信仰によって生きるのです［ローマ人への手紙一―一七］」。この心臓は白いバラの真ん中に置かれています。信仰は喜び、慰めそして平和を与えることを示しているのです。だから、バラは白であって赤くないのです。白は霊魂とあらゆる天使の色だからです。このバラは空色のバックグラウンドの中にあります。霊魂と信仰における喜びは、やがて到来する天上の喜びの始まりです。今すでにその喜びの中に招かれており、希望に包まれていますが、まだ完全には到達できないのです。そのフィールドのまわりには金色の輪があります。それは、至福が天上では永遠に終わりなく続くことを示しています。あらゆる喜びと財産が大切であるが、まるでそれは金が最高の、高価な金属であるのと同じだからです。（『世界の思想家5　ルター』徳善義和編・訳参照）

　とくにこの色彩のシンボルは、プロテスタントの創設者ルターの宗教理念が深く刻印されている。中核はやはり黒い十字架であり、それはキリストの受難のシンボルである。それは確かに傷つき死に至るシンボルであるが、また復活の生命力を内在させたものでもある。ルターは黒い色に、命を育む黒い大地をも想定していたのかもしれない。次の「自然（本性）」と訳したのは、原文のNaturであるが、徳善義和氏の日本語訳では「本性」となっている。いずれにせよ両方に取れるようである。

▲12－1　アメリカ合衆国のファスケス章（下部）

▲12－2　フランス革命のファスケス章

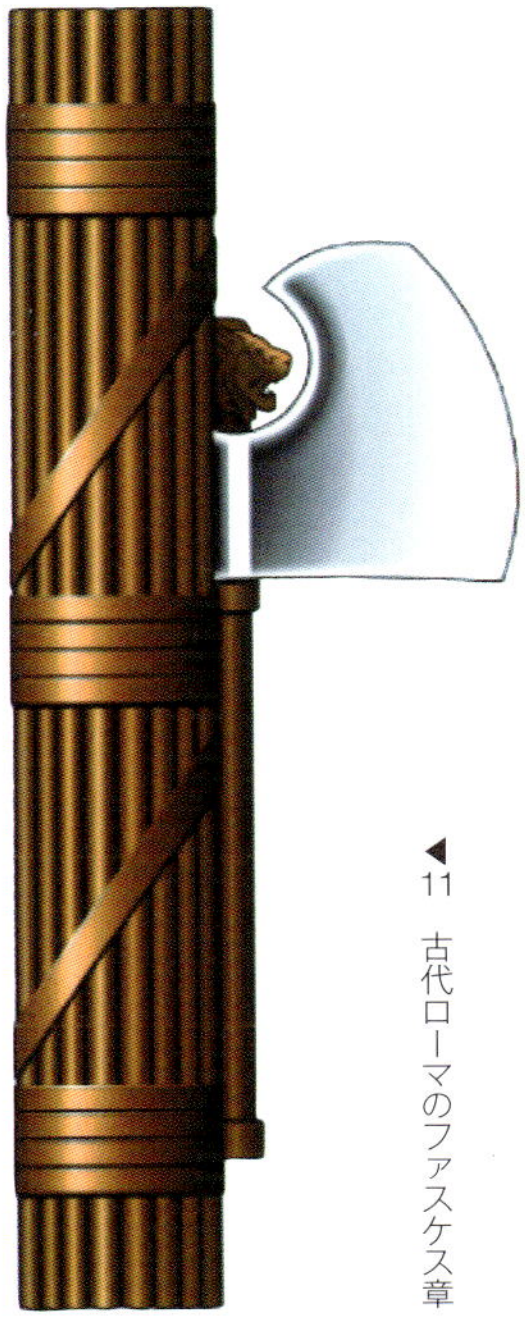
▲11　古代ローマのファスケス章

十字架を囲むハートは、受難を乗り越え、生命を覚醒、顕在化させる。それを育むバラは天使とハトのシンボルの白である。ここでルターが「赤くない」と断っているのは、赤を流血の意味に解しているからである。その先に、青い天空、黄金の金環という壮大な世界が広がっている。小さな紋章であるが、ここには深遠な宗教的宇宙観や死生観、精神性が展開されていることがわかる。しかし根底には、神の犠牲と復活のシンボルである「黒い十字架」を核とする紋章が、プロテスタントの神髄であるとする、ルターの宗教的原点が秘められていると解釈できる。

4 復活した古代ローマのファスケス章の両義性

ファスケス章は、古代ローマの帝政以前の共和制の時代に、結束、正義、権力を守るシンボルとしてつくられた（図11）。ファスケスの語源はラテン語で束という意味である。護権官が支配を統括する際、とくに斧は威嚇する武器として睨みを効かせた。この表象がその後、どのように継承されたかを見ると、政治支配において重要な示唆を与えてくれる。

▲13　スイスのザンクト・ガレン紋章

アメリカ合衆国でも独立後、ワシントンがファスケスを標章とし、それを各種行政機関のシンボルに組み込んだ（図12－1）。それは正義、結束、共和制の意味に理解されてきた。フランスでも革命の最盛期に、紋章が貴族主義のアンシャンレジームのシンボルだと批判され、一七九〇年の憲法制定国民議会でファスケス章が国章に採用された（図12－2）。斧はギロチンによる処刑を連想させたが、一八〇三年からナポレオンがスイスを衛星国家化したとき、ザンクト・ガレン州がこのシンボルを採択し、正義と法の執行という意味で紋章化している（図13）。

ファスケス章は、もともと古代ローマでも共和制のシンボルであって、それがとくにアメリカやフランスで復活した経緯を考えると興味深い。アメリカは貴族の歴史を持たないので、紋章が貴族主義や封建主義のシンボル

▶14　フランス第二共和政の国章

と考える人は少なかった。また紋章や標章に偏見を持つ人はおらず、シンボルが受け入れられやすいという背景があった。

　ところがフランスでは、アメリカとは逆に共和主義者は貴族主義の紋章に反感を持つものが多かったので、革命時にファスケス章を選択した。そののちの第二共和政の時代にも、共和主義者はその伝統を継承した（図14）。すなわちアメリカとフランスは紋章に対しては異なった歴史があったけれども、結果的にファスケス章に落ち着いたといえる。

　イタリアでは、ファスケス章は共和主義のシンボルではなく、ファシズムのシンボルとして登場した。ムッソリーニ（一八八三〜一九四五）の時代になると、彼はファスケス章を古代ローマの栄光のシンボルとしてクローズアップした。ムッソリーニはファスケス章を民族の結束のシンボルにし、国章に昇格させた（図15）。イタリアではファスケス章は民族主義運動と深くかかわるものであった。

▶15－1　ファシスト党のファスケス

▶15－2　ファシズム時代のイタリアの国章

　このファスケス章がファシズムの語源となったのは知られているが、時代の変遷の中で、シンボルは支配者の意向により勝手に捻じ曲げられ、多様な解釈がなされてきたことがわかる。ファスケスは国家の統治のシンボルであって、統治は独裁者が行うか、民主主義的に行うかでは結果的には雲泥の差が生まれるが、シンボルは解釈の仕方によって、正反対の意味にも使われるのである。有名なナチスのハーケンクロイツも、かつては東洋では幸運のシンボルであったが、現代ではナチスのファシズムの典型的なシンボルとして定着している。

5 ルートヴィヒ二世の夢の残照

　ルートヴィヒ二世伝説は、現代でも生きており、そのエピソードは枚挙にいとまがない。たとえばたぐい稀な美貌の青年王、ワーグナーへの極端な傾倒、独身主義、中世の騎士への異様なあこがれ、国家財政のひっ迫を無視した築城への執念、謎の死など話題に事欠かない。とくに有名なのはワーグナーとの出会いである。そのパトロンになったルートヴィヒ二世が、ワーグナーの世界へのめり込み、ノイシュヴァンシュタイン城や神話の世界へ沈潜した。

　図16に示したのは、中世の円卓の宴を模した場面の絵であるが、正面に格子模様のヴィ

▲16　円卓の騎士の饗宴を模すルートヴィヒ２世
▼17「白鳥の騎士」に扮するルートヴィヒ２世（写真提供：PPS通信社）

ッテルスバッハ家の紋章、左右に十字紋章、緞帳に紋章ゆかりの金色のライオンを配している。家臣たちは騎士になぞらえ、紋章ゆかりの青色のマントを羽織っている。ルートヴィヒ二世は、このような中世騎士の世界に没入していた。

次に図17に引用するのは、ワーグナーのオペラ『ローエングリン』に登場する白鳥の騎士に扮するルートヴィヒ二世である。ワーグナーに心酔した王が書かせた絵で、王は現実離れした中世の騎士の世界に、自己を投影していたのである。

結果的に王はお金を湯水のように使い、王の夢であったノイシュヴァンシュタイン城の築城のためにバイエルンを借金国家にしてしまった。側近は隣国まで金策に走らざるをえない状況に追い込まれ、これ以上浪費が止まらなければ国家は破産するので、王を禁治産者に仕立てて廃位させるしか方策はなかった。一八八六年六月一二日、ルートヴィヒ二世は廃位させられたが、翌日、悲劇は起きた。王はシュタルンベルク湖で医師グッデンとともに謎の死を遂げたのである。なおルートヴィヒ二世について、当時ドイツに留学していた森鷗外が『うたかたの記』に、異常な死の状況を伝えている。一八八六年は明治一九年であって、王は当時、過去の世界の人ではなかったのである。

王の遺言は、ノイシュヴァンシュタイン城を王の死後、破壊するように指示してあったが、現在、ここはドイツ屈指の観光の目玉として財政的な意味におけるドル箱になっているのは、歴史の皮肉としかいいようがない。

第八章

ヨーロッパの共同体紋章への発展

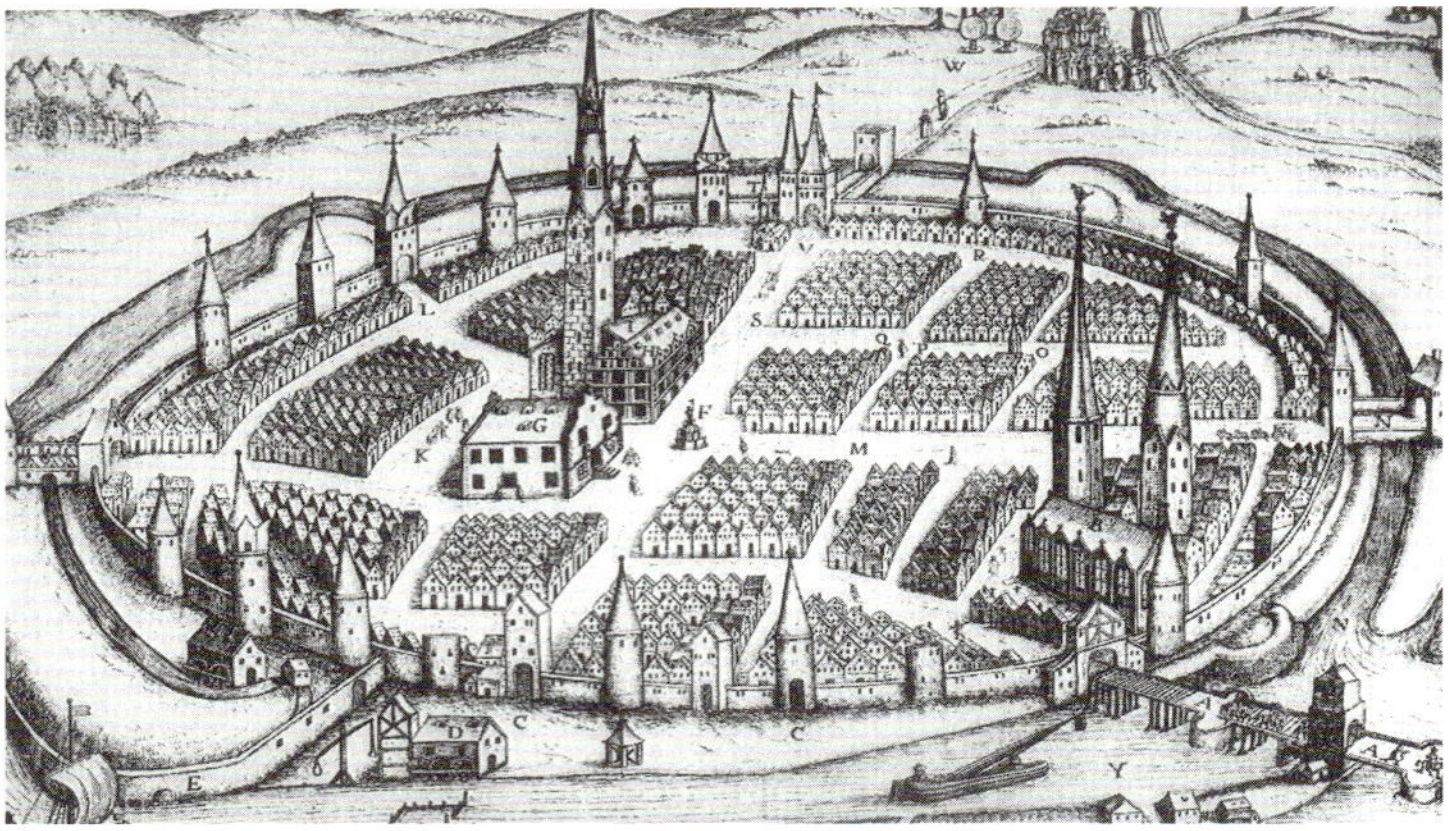

▲1　城壁都市の構造（ハーメルン、1622年）

1 都市の構造と その紋章の特徴

これまで述べてきたのは王侯貴族を中心とした個人紋章であった。紋章にはその他に、ギルド紋章や都市紋章、結社などの共同体紋章などがある。これらの共同体紋章は原則として分割統合を行わず、シンボルはそのまま継承された。都市紋章も同様であったが、この場合、帝国直属自由都市などは庇護の君主の紋章を組み込んだり、また町村合併をする場合は美的バランスの工夫をして分割合成などをしたが、紋章本来の体系を崩すことはあまりなかった。その意味では共同体紋章は変形が少なく、現在まで存続してきたといえよう。

　個人紋章とは成立経緯が異なる共同体紋章は、ヨーロッパの都市共同体の発達と密接にかかわって生まれた。中世ヨーロッパでは都市防衛のために、通常、円形の市壁が設けられ、それは昼間に開門し、夜間に閉門した。

▲2－1　ローテンブルクの都市紋章

▲2－2　プラハの都市紋章

現在でもヨーロッパには、中世以降の都市の構造を示す建造物が数多く残っている。

図1は、一六二二年のハーメルンの都市図であるが、中世でも基本的にはこれと同じ構造であったので、視覚的にわかりやすいからこの図を用いて説明しよう。まず中心部に市庁舎と教会があり、その前の広場で催し物や市が開かれた。通常都市市民たちは市壁内で生活し、共同体を形成していた。市壁内では運命共同体意識が醸成され、それが都市シンボルであった紋章にも大きな影響を与えた。ユダヤ人や被差別民は市壁の外へ排除される傾向にあった。

さて一二世紀頃には都市群が成立したが、中部ヨーロッパでは通常の王侯支配下の領邦都市のほか、神聖ローマ帝国直属自由都市、宗教領主支配下の都市、北欧のハンザ同盟都市などがあった。それぞれの都市は、外敵に対する防衛の面で特色を持っており、それは都市紋章によってシンボル化されることが多かった。

ほぼ共通するのは都市の防衛を城壁で視覚化（図2－1）することである。たとえば門には落とし格子門（図2－2、格子が落下し、市壁内を守る装置）や剣が描かれ、防衛力を誇示した。それは中世都市の特徴として、戦乱が絶えなかったヨーロッパの歴史的背景を示している。現在でも都市紋章が重視され、その都市の連帯のシンボルとなって、日常生活の中に溶け込んでいる。

帝国直属自由都市紋章

中でももっとも特色があったのは帝国直属自由都市である。この都市は神聖ローマ帝国とのかかわりを示す、ワシの紋章を左側（紋章学では右、最優位）に付加することが多かった。ニュルンベルク、オーバーダハシュテッテンなどがその例であるが、皇帝選挙が行われたフランクフルトは、ワシそのものをシンボル化している（図3－1、2、3）。これらの都市は帝国への税金の上納と引き換えに、ある程度の自治権が認められていた。確かに皇帝軍による防衛が約束されてはいたが、神聖ローマ帝国が弱体化すると、やむなく都市は自衛のために傭兵を雇った。それゆえ帝国直属という名称ではなく、自由都市といわれることもある。

以下、ヨーロッパの都市紋章をいくつか取り上げ、その由来を説明しよう。

パリの都市紋章の由来

セーヌ川のシテ島を中心に発展してきたパリには、有名な都市紋章がある（図4）。シ

▲3－1　帝国直属都市ニュルンベルク

▲3－2　オーバーダハシュテッテン

▲3－3　フランクフルト

▲4　パリの都市紋章

ンボルは楯のフィールドの上部にフランス王家のユリ紋章、さらにその下に河川を航行していた帆船が描かれる。これはセーヌ川の帆船ギルドの親方が市長であったことに由来し、内陸都市であったパリへ物資を運ぶギルドが、当時の経済を牛耳っていたことを物語る。楯の上部に市壁冠が描かれ、楯の左はオークの木、右は月桂樹であるが、前者は永続性、後者は勝利をシンボル化したものである。それを前提にすれば、市壁は冠、オークと月桂樹は楯持ちと解釈され、そして下にモットーを備えた「完全紋章」のスタイルを踏襲している。

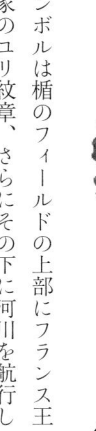

パリの都市紋章の成立は個人紋章よりあとで、近代初期と推測される。下部に書かれたラテン語の「揺れ動くが沈まず」がモットーである。これは船乗りの心意気を示すとともに、パリが経験してきた都市の歴史を象徴しており、のちのフランス革命、ナチスのパリ占領などを想起すれば、このモットーは示唆に富む。都市紋章は、パリ市庁舎はもちろん、オルセー美術館、ソルボンヌ大学など、注意して探せば至るところで見つけることができる。

▲5　タラスコンの都市紋章

タラスク祭りとタラスコン市紋章

南フランスのブーシュ・デュ・ローヌ県の都市タラスコンは、「タラスク伝説」で有名である。それはタラスコン地方を荒らしまわっていたドラゴン（タラスク）を、聖マルタが手なずけたという故事にちなみ、ドラゴンはタラスコンの町中を流れるローヌ川の氾濫をシンボル化したものという解釈がある。なおタラスク祭りは聖ヨハネの日（六月二四日）近くの金、土、日曜に開催される。タラスコンの都市紋章は図５に示したように、上部に市壁、下部にタラスク伝説をシンボル化したものであるが、多くのヨーロッパの紋章と同様、比較的わかりやすい構図である。

▲6　フィレンツェのユリ紋章

フィレンツェの都市紋章のユリ

花の都とたとえられるフィレンツェは、ユリ紋章がシンボルである（図６）が、フランス王国のそれと一面共通する。大富豪メディチ家がルイ一一世に財政援助したことから、フランス王朝との緊密な関係の物語が指摘されるが、フィレンツェのユリ紋章は一二五二年にはすでにコインに鋳造され、その後、紋章化した。したがってメディチ家が繁栄する以前から用いられていたとされる。

フランスのそれと異なるのは、花弁の間から二本の花蕊《はなしべ》が出ており、それはすでにこのユリが開花していることを示す。しかも大きくて真っ赤なユリ紋は、フィレンツェらしい都市の華やかさを示している。ご当地のサッカーチームACFフィオレンティーナのエンブレムも、市民になじみのあるこのモティーフを用いているが、とくにシニョーリア広場のユリ紋章を持つライオン像は印象深い彫像である。

水車と『ハーメルンの笛吹き男』

ハーメルンの都市紋章は、市壁の背後の教会と、その下に水車をシンボル化した円形の渦巻きが特徴である（図7）。これは近くにヴェーザー川が流れており、そこでは中世から水車による製粉業が盛んであったことを物語る。グリムの伝説集によると『ハーメルンの笛吹き男』は、ネズミの害に困り果てた市民がネズミ捕り男にネズミの駆除を依頼したことから始まる。

登場したネズミ捕り男は、もともと放浪芸人で、中世では町から町へ渡り歩き、通常、路上で芸を演じ、その報酬で暮らしていたとされる。彼が笛によって子どもたちをおびき寄せ誘拐した話に、その後、ネズミ捕り男の話が付加される。そして男がネズミを川で溺死させ、退治するのであるが、市民が約束の報酬を払わなかったために、結局、復讐として一三〇人の子どもたちの失踪事件を引き起こすという展開になる。これは伝説というより歴史的事実とされる。

◀7 ハーメルンの都市紋章

これまでこの事件の真相を解明しようと、いろいろな説が唱えられたが、どうやら笛吹き男が子どもたちを東方移民させるために誘拐したとする説がもっとも説得力を持つとされる。しかしこの伝説は多くの人びとの関心を惹き、今なおハーメルンを訪れる観光客が絶えない。

現在、五月中旬から九月中旬の観光シーズンの日曜日の正午には、この伝説を再現し、子どもたちと笛吹き男の野外劇が上演される。なおハーメルンには「舞踏禁止路地」があり、ここは子どもたちの失踪を悼み、音楽などの演奏を禁じている区画で、今でもその言い伝えが守られている。いずれにせよハーメルンの伝説は、製粉業の水車という紋章にも痕跡を残しているのである。

2 州紋章と連邦制

地方分権国家であったドイツ連邦共和国は、国家統一も州の成立も遅かったが、実質的に州やそれに準じた地域が国家のような機能を果たしていた。そのため州の権限が大きく、外交や国防以外、首相、大臣を擁する州政府が権限を持ち、独自性が発揮できる政治体制となっている。その州の上に連邦政府が統括しているという政治システムである。このような連邦制国家体制を前提にして、州紋章の説明をしたい。

現在のドイツ一六州が発足したのは、第二次世界大戦後の連合国による分割統治を経て、ドイツが再統一された一九九〇年以降である。ただし州といっても、ベルリンやハンブルク、ブレーメンなどの都市は、その成り立ちや歴史から州扱いされているからややこしい。したがってこれらの紋章は都市紋章、ハンザ同盟紋章、支配をしていた王侯貴族の紋章の歴史を汲み、紋章学の法則に根ざしながら、長い伝統を踏まえて継承されてきたといえる。

州紋章（図8）は概観すると、やはり動物紋章が目に付くが、州名からバーデン=ヴュルテンベルク、メクレンブルク=フォアポンメルン、ノルトライン=ヴェストファーレン、シュレースヴィヒ=ホルシュタイン、ラインラント=プファルツ、ザクセン=アンハルトなどは合併していることがわかる。これらの州紋章はすべてとはいわないが、分割合成されているものが多い。

さらに個別に見ると、ブランデンブルクの州紋章は、ブランデンブルク辺境伯のワシの紋章、バイエルンの州紋章はヴィッテルスバッハ家の白と青の菱形格子模様を継承しており、ハンブルクやブレーメンはハンザ同盟以来の都市紋章の系譜に属する。都市紋章特有の鍵や十字城壁は、その由来が宗教に結び付けられるが、本質的に防衛のシンボルでもあるからだ。ただしベルリンはBär「クマ」という語源からシンボル化されたと説明されることがあるが、これも歴史的に検証されたわけではない。なおベルリンで行われる国際映画祭の金熊賞の熊もその名にちなんでいる。

州紋章は現代でも多くの行事で頻繁に用いられ、ドイツの地方分権制度の重要なシンボルの役割を担っている。ドイツは地域性を重視しており、この点がフランスなどの中央集権国家との違いである。その意味からも州紋章のウエイトは、フランスの県紋章と大きな差があるといえる。

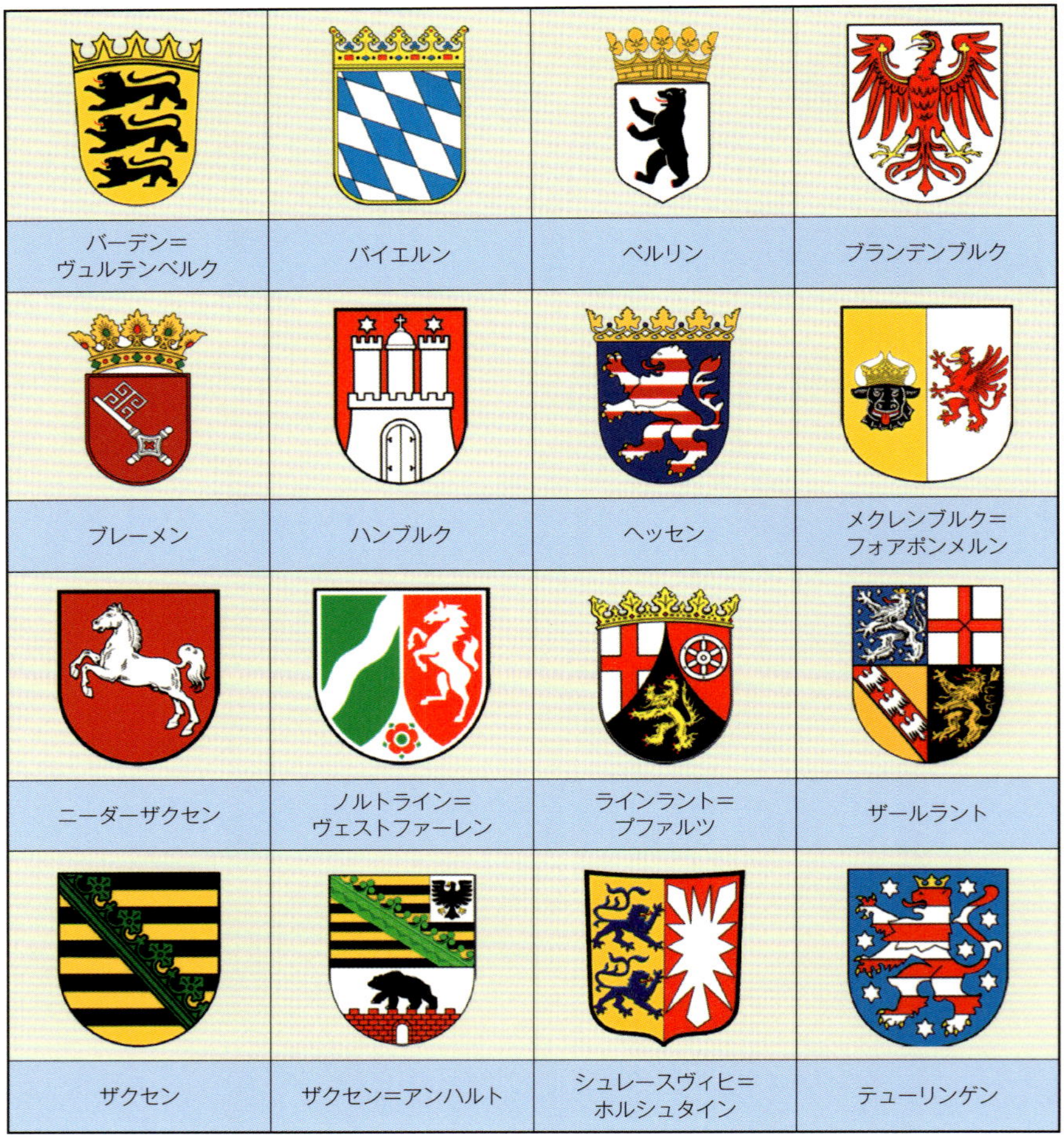

バーデン＝ヴュルテンベルク	バイエルン	ベルリン	ブランデンブルク
ブレーメン	ハンブルク	ヘッセン	メクレンブルク＝フォアポンメルン
ニーダーザクセン	ノルトライン＝ヴェストファーレン	ラインラント＝プファルツ	ザールラント
ザクセン	ザクセン＝アンハルト	シュレースヴィヒ＝ホルシュタイン	テューリンゲン

▶8　ドイツの州紋章

▶9　スイス一三州同盟と紋章

スイスの一三州同盟とスイス連邦

スイス連邦はヨーロッパにありながら、EUにも加盟せず、独自の建国理念を貫いてきた。それは大国に囲まれ、歴史の荒波に翻弄された小国の生き延びる知恵のようなものである。一二九一年に、現在のスイス連邦の核ともいえるウリ、シュヴィーツ、ウンターヴアルデンの三州同盟が成立した。一三三二～五三年に、チューリヒ、グラールス、ツーク、ルツェルン、ベルンの八州同盟を経て、さらに一四八一年から一五一三年にかけて、フリブール、ゾーロトゥルン、バーゼル、シャフハウゼン、アッペンツェルが加わり、一三州同盟が成立した。それを示す一六七五年頃の図版が残っている（図9）。

ここでは円環上の紋章の輪が描かれ、頂点に神聖ローマ帝国の双頭のワシを戴いているが、本音をいえば帝国と一線を画して独立を祈願したものであった。各州が独自に戦っても勝ち目はない強大な帝国であったので、対立を避けたという事情もある。このような連帯の歴史によって、現在のスイス連邦が存在するといえよう。

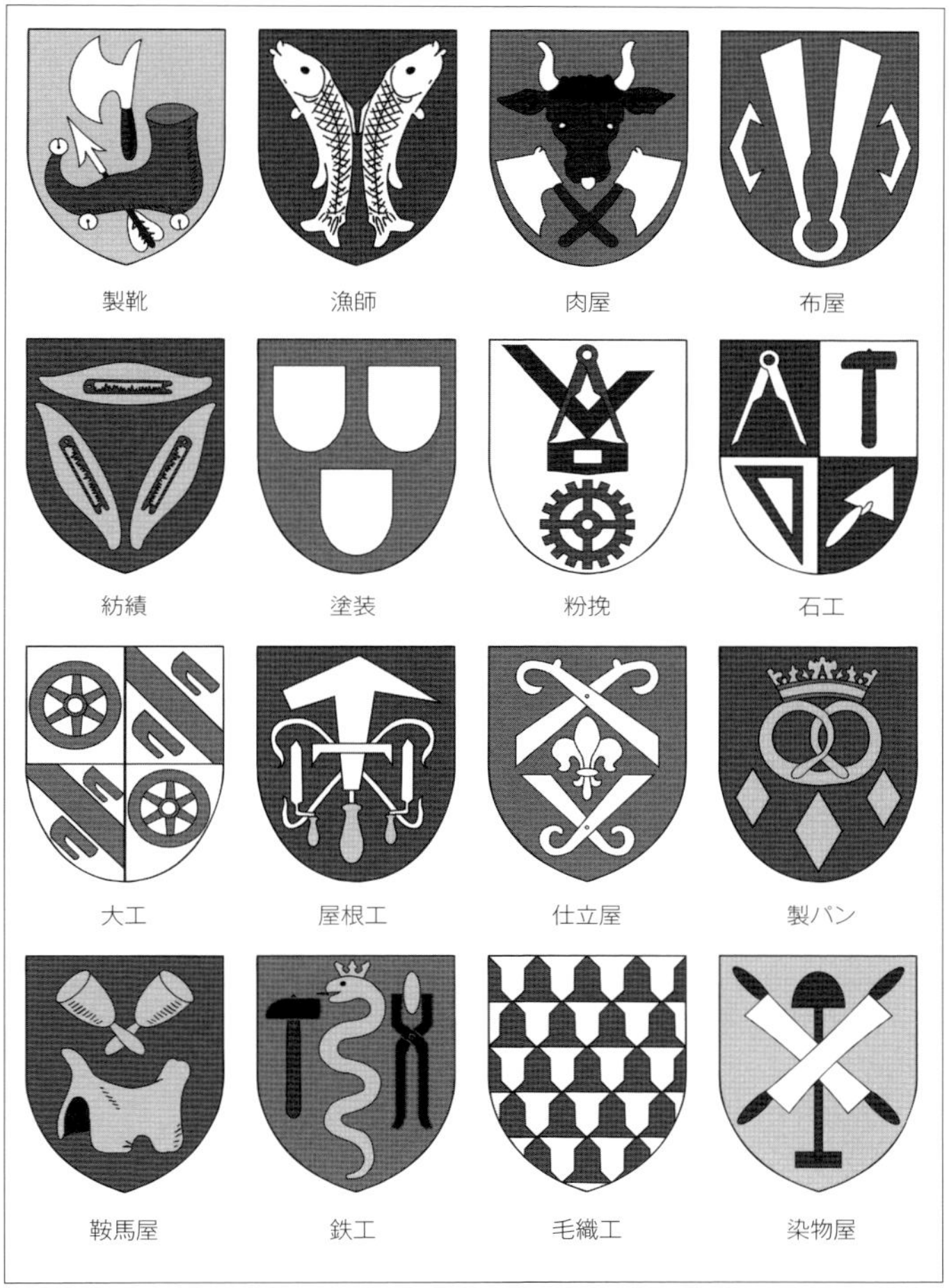

▲10 ギルドの紋章

3 ギルドの紋章

徒弟制度は一一世紀頃、北イタリア、フランドル地方、フランスあたりから始まった、職人の同職組合に由来する。ドイツでも一二世紀あたりから、中世都市の中で職人たちは組合をつくり、その製品の製造販売を独占するようになった。ギルドは広域の利益独占的な同職組合であり、一二世紀以降、都市の発達とともに親方、職人、徒弟の三身分制度が確立した。これは封建的な体制維持システムであって、中世都市の発展の経済的基盤を形成した。やがてギルド（ツンフト）闘争を経て、都市貴族に代わって都市の参事会を支配するようになる。ギルドの親方出身の市参事会員が多数派を占め、市長も輩出した。

ギルドはしだいにネットワークを広げ、中世後期では徒弟の育成、職人や親方の認定、技術の継承、品質管理、製品の注文や販売を統括していた。当然、キリスト教社会であったので、ギルド内でキリスト教にもとづく倫理・道徳教育を実施し、その延長線上で、職人の相互扶助や社会保障も担っていた。

ギルド組織は親方の連合体で、都市単位で会館を持ち、定期的にここで会合を開いていた。親方のもとにはたいてい一、二人の職人、その下に一、二人の徒弟という零細な仕事場が多く、彼らのほとんどは親方の家に住み込み、そのおかみさんが職人や徒弟の生活の世話をしていた。

ギルドのシンボルはわかりやすいものが多い。たとえば大工は道具、靴屋は靴、パン屋はパンなど、シンボルを見れば見分けがつく。職種別シンボルは一種の商標であったが、ギルドの紋章は、外的には独占性を示し、内的には連帯と結束を示すシンボルであった（図10）。

▲11　ギルドの祭りのデモンストレーション（スイス、チューリヒ、1851年）

ギルドはカトリックの元で守護聖人を奉じ、ギルドの紋章とともにそれを大切に礼拝していた。守護聖人はふつう聖人の功徳にまつわるものが多く、各職業と結びつけられた。たとえば、聖ゲオルギウスは農業や牧畜業、聖アントニウスは家畜業、使徒アンデレは漁師、シチリアの聖女アガタは看護師というように定められ、その由来の伝説が生み出された。さらに国や都市の共同体も同様で、イタリアは聖フランチェスコ、ヴェネチアは聖マルコ、アッシジは聖ルフィーノが守護聖人であるのはよく知られている。

人びとは各種祝祭にはその聖人像を山車《だし》に乗せ、聖人旗を立ててパレードを行ったり、町を練り歩いたりした。キリスト教文化圏の祝祭は、中世から近代初期を通じて、クリスマス、聖霊降臨祭、復活祭、聖ヨハネの日、諸聖人の日など、キリスト教をバックグラウンドとする共通の年中行事が主流になった。現代でもその伝統は続き、ブルゴーニュのサンヴァンサン祭り、バルセロナのメルセ祭りなど、郷土色豊かな祭りの催し物となっている。

▶12　ギルド会館の内部

▶13　食肉ギルドの紋章図

図11に引用したのは、チューリヒのギルドの仮装パフォーマンスであるが、このように祝祭日にはギルド同士が趣向を凝らして出し物を競い合った。それがギルドの結束力を強めたが、カーニヴァルなどでも同様なパフォーマンスを行っている。ギルド紋章は、祭りにおいても職人たちの所属と連帯を示す重要なシンボルであった。

図12に示すのは一四世紀末のアウクスブルクのギルド会館の内部である。天上や壁にはギルドの親方の絵と紋章を飾ったが、床には重要文書、印章などを入れた櫃が置かれている。ここでは親方衆が集まって会合を行い、ギルドの運営を取り仕切った。

ギルドの紋章はもともとハウス・マーク(屋号)とも深いつながりがある。図13に引用するのは食肉業のギルド紋章板だが、周囲に各同業者の紋章が羅列されている。わかりやすいウシやヒツジなどのシンボルのほか、ここでは幾何学模様のハウス・マークのようなものも多い。ではハウス・マークとはいったい何か、次節で概観してみたい。

▲14－1　ハウス・マーク

▲14－2　ハウス・マークを組み込んだ紋章

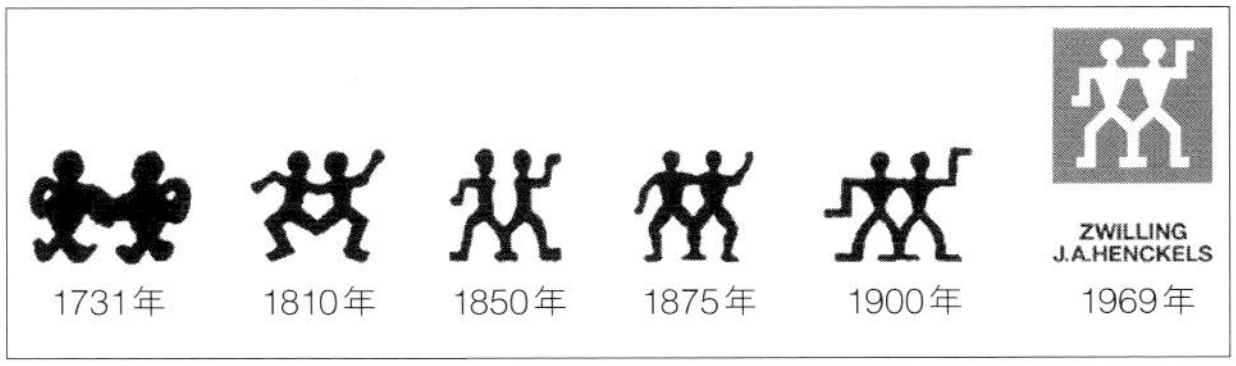

▲15　ツヴィリングのマークの変遷

4 ハウス・マークから商標へ

ハウス・マークは縦、横、斜めの簡単な直線を組み合わせて作成することが多かった。もともと識字能力がなかった人びとでも書け、かつ解読できた印である。ハウス・マークの歴史は古く、紀元前五〇〇〜八〇〇年にはヨーロッパで農具、漁具、漁船などにその使用例が見られる。家長がハウス・マークの所有権を持ち、これにものちに相続のルールが生まれた。

このような慣習が家内工業的な工房やギルドへも広がり、職人標としてのハウス・マークへと発展していった。単純な直線マークだけでなく、図像や文様などと組み合わせる工夫も加え、多様な商標が作成された（図14－1）。さらにハウス・マークを紋章に組み込むことも行われてきた（図14－2）。

やがて時代は家内工業から工場制生産方式による、資本主義へと発展していったが、商品の宣伝のために、多種多様なハウス・マークとは異なる、独自の新しい商標が生み出された。日本でも知られている刃物メーカー、ヘンケルスの商標であるツヴィリング（双子）・マークはその例であるが、これは伝統を受け継ぎながら、少しずつ変化を遂げている(図15)。こうして商標はブランドを確立し、企業発展の原動力となった。第一章で紹介した、マイセン磁器の交差剣も、ほぼ同時期に商標化している。

5 なぜヨーロッパ車に紋章のエンブレムが多いのか

現在でもヨーロッパ王室の馬車が博物館に展示されていることは多く、フランスには馬車博物館まである。その中で王侯の馬車を見ると、紋章が飾ってあるのに気が付く。王侯貴族たちは戴冠式、結婚式のパレードなどにおいて、視覚的シンボルを威信の証にしようとした。これはフランスだけでなく、イギリス、ロシアでも同様であった。

▲16　ナポレオン三世の馬車と紋章（写真提供：PPS通信社）

図16に示すのはナポレオン三世の戴冠式に使用した馬車であるが、もともとシャルル一〇世の馬車を改装したものである。ナポレオン三世も一世が使用したワシの紋章を継承しており、ここでも王侯が乗る馬車と紋章が不可分の関係にあることを示している。

人を運ぶという意味においては、本質的に馬車と自動車はきわめてよく似た乗り物であった。だからヨーロッパの貴族の馬車紋章が自動車にも付けられるようになり、人びとは自動車をステイタスシンボルにした。そして自動車会社が王侯の馬車をイメージして、紋章を商標としたという経緯は容易に理解できる。同業他社もそれに倣い、こうしてヨーロッパ自動車会社は、ポルシェ、BMW、フェラーリ、アルファロメオ、プジョーなどのエンブレムを生み出したのである。そのうちいくつかを紋章と比較してみよう。

ドイツ車ポルシェはシュトゥットガルトに本拠があったので、当市の「跳ね馬」紋章を小楯に配し、創業当時（一九三〇年代）をヴュルテンベルク州紋章で囲むというエンブレムを作った（図17）。

またBMWとはBayerische Motoren Werke AGの略号で、「バイエルン発動機製造株式会社」という意味である。このエンブレムもバイエルンの州紋章の白と水色模様（九六ページ参照）をアレンジしたもので、バイエルンの自動車メーカーを意味している（図18）。

イタリア車、アルファロメオのエンブレムも紋章に由来するのは、すでに第一章で述べ

▲17　右から、ポルシェのエンブレム、ヴュルテンベルク州紋章、シュトゥットガルト都市紋章

▲19　フランチェスコ・バラッカと「跳ね馬」

▲18　BMWのエンブレム

▲20　バラッカの紋章

▲21　フェラーリのエンブレム

た（八ページ参照）。同じくイタリア車のフェラーリの跳ね馬のエンブレムも、紋章と関係があるとされる。その伝説にかならず登場するのが、パイロットのフランチェスコ・バラッカである。彼は第一次世界大戦中のイタリア空軍の撃墜王として知られ、軍機に「跳ね馬」マークを付けていた。一説には当時敵国であったドイツ空軍の戦闘機を撃墜したしるしに、ドイツ（シュトゥットガルト）の「跳ね馬」のエンブレムを描いた（図19）といわれているが、それは誤りである。バラッカはイタリアの伯爵家出身で、その紋章が「跳ね馬」であったからである。彼は一九一八年に撃墜され、戦死した。

　問題はバラッカと創設者エンツォ・フェラーリとの関係である（図20、図21）。かつてレーサーであったフェラーリは、一九二三年に競技で優勝したが、後日、彼はエンブレムの「跳ね馬」の由来について、バラッカ伯爵夫妻（とくに妻）がフェラーリの優勝に感激し、家紋や息子の愛機にちなむシンボルをプレゼントしてくれたと説明している。しかしこの話はフェラーリの自作であるらしい。フェラーリは翌年、カヴァリエーレ（騎士）賞を受けており、どうやら彼は英雄バラッカにあこがれ、受賞以降の会社設立時に「跳ね馬」を使用したのが真相のようである。バラッカ伯爵家が紋章を他人に譲ることはありえないし、「跳ね馬」紋章は他にもあり、事実フェラーリはバラッカ紋章の星印（図20）を使っていない。二〇世紀ではもはや紋章規制は厳格ではなく、文句を付けられても説明はつくからである。

　こう考えると中世騎士や貴族の紋章が自動車へとつながった歴史が理解できるように思われる。いずれにせよこのようなヨーロッパの伝統が、アメリカや日本に伝播し、車に商標のシンボルを付ける慣習が継承されたのである。その意味では紋章の精神が現在にも生きているということがいえる。

終章

日本の家紋とヨーロッパ紋章の比較

1 日本の家紋略史

公家の牛車

日本の家紋（紋章）発生のきっかけとして有名なのは牛車説（図1）である。平安時代後期、貴族の藤原実季《さねすえ》（一〇三五〜九二）が宮中に参内用牛車（御所車）にはじめて巴紋を描いたとされる（慈円の『愚管抄』に記録）。ウシはウマより調教しやすく、おとなしいので安全であったため、スピードを求めなかった貴族が使用（現代の葵祭りにも牛車が登場）したという。

ただし牛車説が決定的かといえば、疑問が残る。それを補うのが公家の有職紋《ゆうそくもん》説である。有職紋とは、家の格式、伝統、位階を示す織物の紋様であったが、さらに日常的に使用する器具、用具にもそれ相応の紋様を描いたとされる。これが家紋のルーツのひとつではないかと推定する向きもある。いずれにせよ平安時代の後半、ヨーロッパと日本とは目的は異なっていたが、ほぼ同時期の中世に代々継承される紋章が始まるのは、偶然とはいえ歴史的に注目される。

◀1 葵祭の御所車に描かれた家紋（写真：首藤光一／アフロ）

なお文化人類学の研究から、北米のネイティヴ・アメリカンのトーテムポールも代々継承され、トーテム獣の図像が家紋と同じ機能を果たしていたのではないかという指摘もある（ノイベッカー『紋章学』）。したがって本当に紋章が発生したのが日本とヨーロッパだけかということを含め、紋章のルーツの研究は奥深く、簡単なものではないが、本書では、少なくとも同時期に影響関係もなく日欧で紋章が発生した事実に基づき、話を先へ進めていきたい。

日本の家紋は、最初は所有物の識別（しるし）が目的であったので、抽象紋が多かった。やがて平安文化の国風化とともに、花鳥風月という優雅なシンボルが多くなる。こうして日本の家紋は日本人の美意識と深くかかわりながら発達する。ただしこれは牛車や日常品の印だけでなく、日本でもヨーロッパと同様に戦場の印と結びつくようになる。そのきっかけは、平安時代末期の源平合戦の平家の赤旗、源氏の白旗であるが、これは紋章ではない。しかし鎌倉時代以降、武士の時代には敵味方を識別する機能が重視され、家紋が急速に拡大していった。さらに日本の家紋は、封建性の家制度の継承とも深くかかわるようになり、支配階級の権威のシンボルとなったが、その具体例を次節で見ておこう。

武士の紋章（家紋）への展開

鎌倉時代には武士階級が貴族の家紋を継承するようになり、これが日本の家紋の確立期にあたる。その一例が、元寇の折の『蒙古襲来絵詞』の手長旗に描かれており、武士は恩賞を目指し、家紋をシンボルにして戦ったことがわかる。しかし恩賞に値する土地を確保できなかったので、鎌倉幕府はやがて人望を失い、滅亡するという歴史をたどった。

家紋の歴史においては天皇家の菊花紋がもっとも有名である。これは鎌倉時代の後鳥羽上皇（一一八〇～一二三九）の菊愛好に由来するものといわれている。のちに楠木正成が後醍醐天皇から下賜され、菊花紋をそのまま使うのは畏れ多いので、それをアレンジしたという、正成の菊水紋（図２）はよく知られている。これは菊紋の下方に水をシンボル化したデザインであり、正成の湊川神社をはじめ多くの神社もこの菊水紋を用いている。

戦国時代には家紋（紋章）が帰属意識のシンボルとして、戦闘の敵味方の識別のためにとりわけ重要な役割を果たした。安土桃山時

▲2　菊水紋

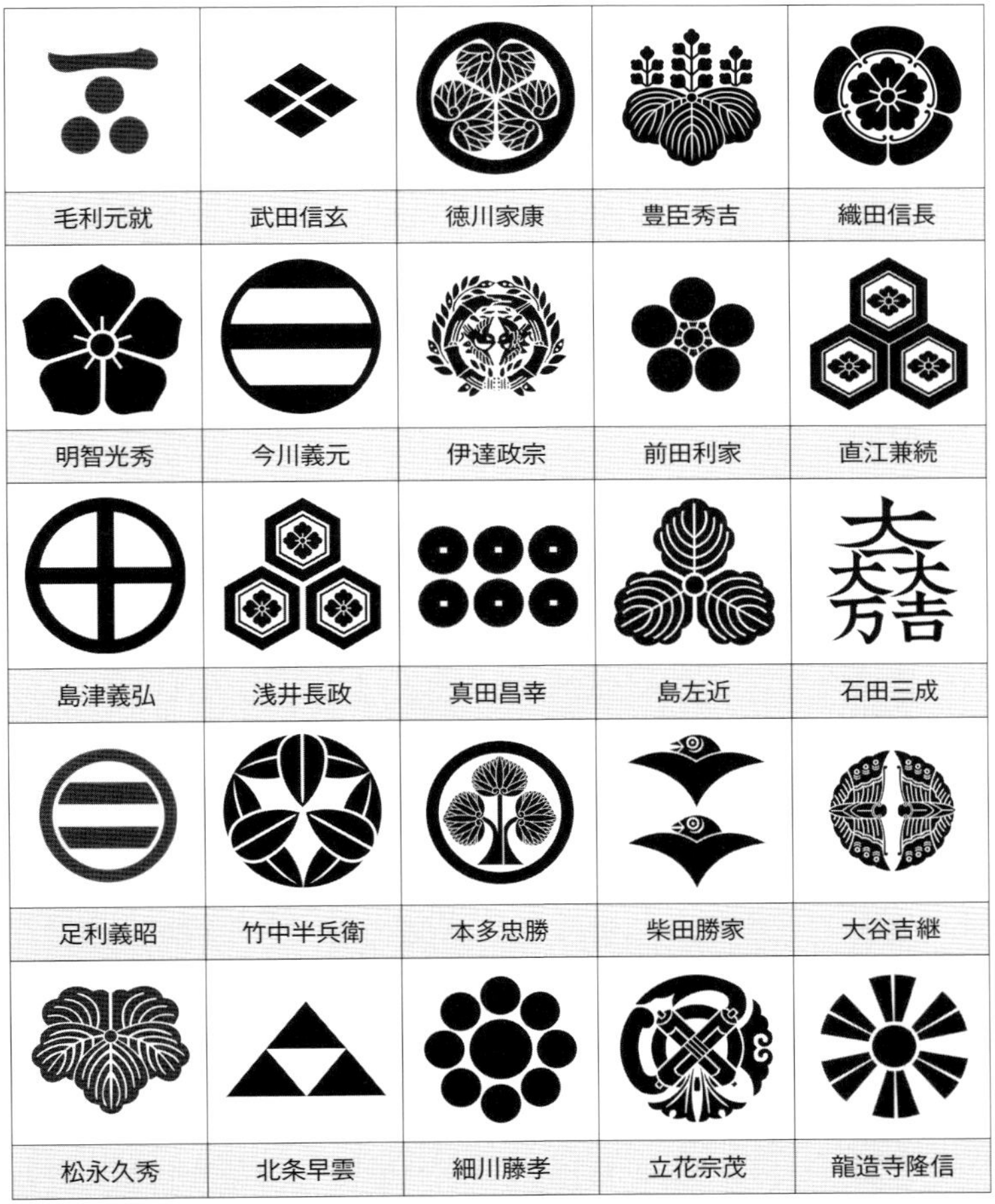

▲3　有名家紋の例

▶4 『関ヶ原合戦図屏風』（岐阜市歴史博物館蔵）

代の有名な家紋、たとえば明智光秀の用いた桔梗は、紋章の中で例外的に水色のカラー紋である。また桐は天皇から足利氏に下賜された歴史を持つが、その権威を利用しようとし、織田信長（木瓜をはじめ複数）、豊臣秀吉が使用した。とりわけ太閤桐（図３）が有名であり、それはさらに毛利家、脇坂家などの家臣にも与えられた。

　葵は徳川家の祖、三河国松平氏の家紋として用いられ、徳川時代には絶対的な権威とされた。とくに安土桃山時代や徳川時代初期の旗指物に描かれた家紋が多く、鎧兜にも家紋をつけるようになる。例外的に日本でもヨーロッパと同様に一部カラー紋も出現している。その様子は『関ヶ原合戦図屏風』でも確認できる（図４）。

家紋の拡大

　ヨーロッパの紋章がキリスト教に拡大したように、日本の神社も吉兆をもたらす神紋を用い、社寺紋を提灯、幕などに描くようになった。しかし種類はそれほど多くなく三五〇〜四〇〇程度である（図５－１、２）。

　江戸時代には、家紋は封建制度の継承のシンボルとして重視された。これは日本の家制度の確立と密接にかかわって発達し、他家との識別のため多数の洗練されたデザインが考案された。ただヨーロッパのような強い動物の紋章化は、武士の家紋でも登場しておらず、あくまで日本的な美意識の図案化が主流を占める。格式化、権威化が明確になり、登城や参勤交代の折の槍、馬印、道具などのシンボルに使用された。家具、調度品、羽織などにも描かれたが、戦国時代とは異なり、色は白黒のモノトーンであった。これがヨーロッパ

▶5－1　生田神社の提灯

▲5－2　太宰府天満宮の梅紋

▶6―2 役者紋
◀6―1 暖簾

紋章と日本の家紋の相違点である。

江戸時代における町人文化と屋号

江戸時代後期には、商家、役者、遊女など、庶民の間でも屋号が流行した（図6―1、2）。とくに商人が経済的に実権を握ると、その傾向が強くなった。これは家紋に影響されたものであるが、それ自体が自家の商品に対する信用の意味をもあらわす。暖簾、陶工の紋などはその典型例である。とくに商家では「暖簾」はシンボル的な意味がこめられるようになった。

ところが、ヨーロッパでは紋章官が厳しく紋章を規制したが、日本では、暗黙裡に権威のある家紋は控えられたとはいえ、転用されたり新しい屋号も考案されたりして、家紋と融合しながらその使用が広がった。もちろん一部は、家紋から商標も生まれた。

なお家紋は男紋であったが、それと異なる女紋を母から娘へと女系によって継承する文化が関西から始まる。関西の商家は女系相続が多かったので、別系統の女性用の紋を作成したという説が有力である。万一離縁の場合、嫁入り時の家具調度品は妻の所有物であるというしるしであったが、女紋は女系相続のしきたりで、関東にはほとんど存在しない。

明治以降

明治時代には平民にも苗字が許され、さらに新興の家でも権威付けのために、庶民の間で家紋が広く一般化した。いうまでもなく天皇家の菊の紋章は、侵犯が許されない絶対的なシンボルであった。第二次世界大戦以降、現代では家制度は崩壊し、かつ紋付袴が日常生活から消え、家紋は廃れていく。ただし伝統行事、和服復古の時代になると家紋にも注目された。

日本国憲法によって国章の規定はされていないが、慣例によってパスポートには菊の紋章、内閣府などは五七の桐、法務省は五三の桐の紋章を用いる（図7）。なお桐紋は嵯峨天皇、足利尊氏、豊臣秀吉の縁の紋として有名である。

2 日本の家紋とヨーロッパ紋章の相違点

日本の分割なしの相続とヨーロッパの分割相続

日本の家紋の相続は、兄弟が同一紋を継承したので、家紋の相続は平等であった。また分割紋は例外であったので、美しい家紋が保持され、美的感覚を重視してきた。ただし戦国時代は、同族でも、敵味方に分かれたので紋章の差を設けた例外はある。家紋は男性の家系のものを継承し、原則として家制度は男系長子相続であったが、家紋は兄弟で分割しない継承が最後まで貫徹された。

▲7　五七の桐（右）と五三の桐

▲9　日本の自然観

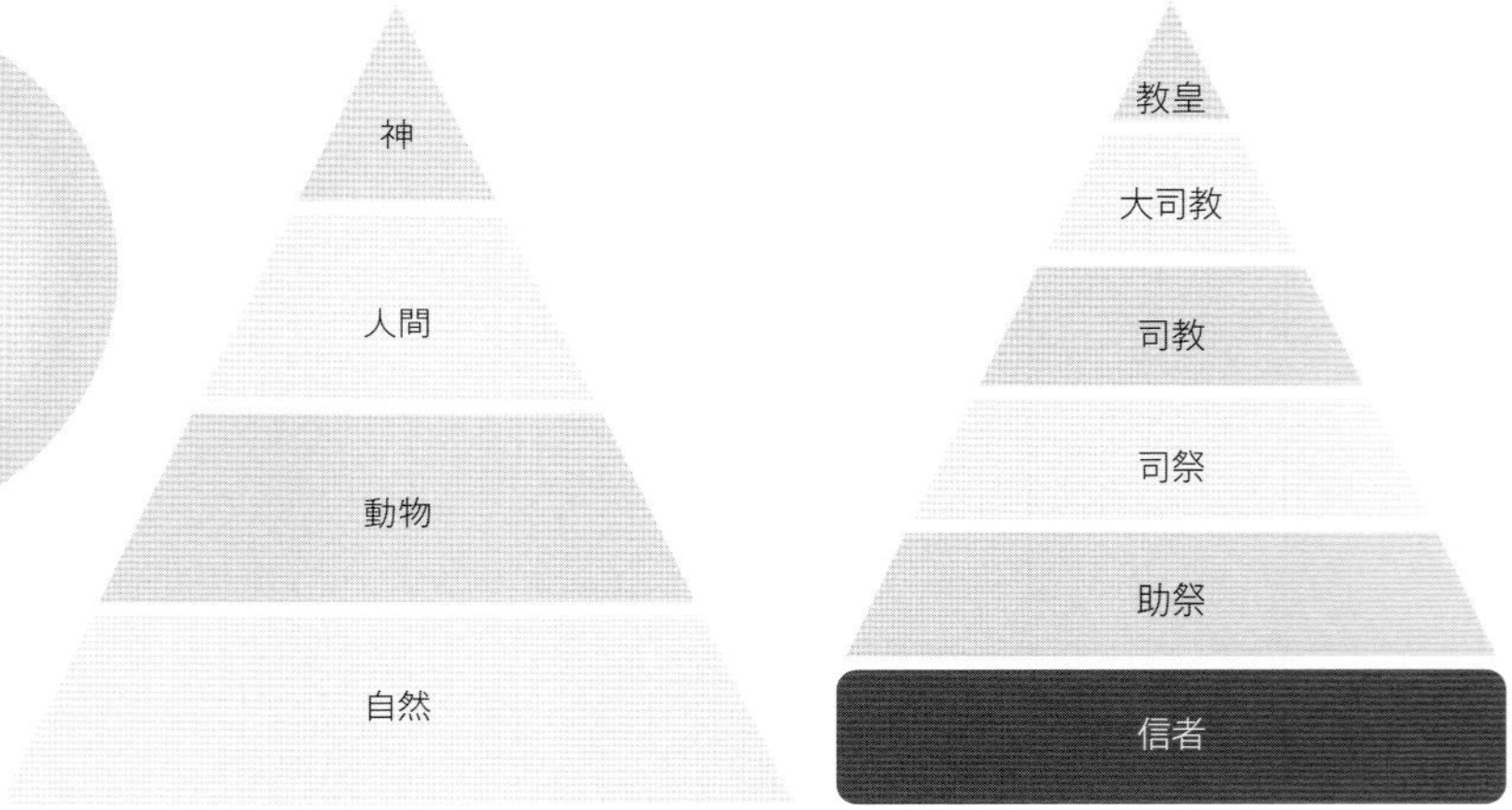

▶8　ヨーロッパの階層意識

確かにヨーロッパ紋章も、長子相続であった。しかし次男以下は一族を示すモティーフを継承するが、分割したり、差異を設けたりして、個人紋章を重視した。なお女性にも紋章相続権が認められており、女性家系の紋が分割・統合されることがあった。こうして紋章継承者同士の結婚によって、分割、再分割を繰り返した。この点がヨーロッパ紋章と日本の家紋の決定的な相違点である。ただ、問題はどうしてヨーロッパ紋章が分割・統合という方式を踏襲したのかである。

ヨーロッパが個人主義であったので、紋章も個人中心に相続したという意見がある。通常の個人主義は、社会学的にはルネサンス以降、個の主張が始まってからとされるが、紋章の相続はそれ以前の中世から始まっていたため、近代でいう個人主義をこの問題と結びつけるのは無理がある。

筆者は、分割の根底には、キリスト教にもとづく世界観にあるのではないかと考える。たとえば神を頂点とし、教皇、大司教、司教、司祭、助祭、信者というカトリックのヒエラルヒーや、神、人間、動物、自然というピラミッドの自然観（図８）は、物事を分類整理する発想を生み出した。それにはウシやブタは人間に食べられるために神様が造った、自然は人間に役立つように改造してよい、人間自体にも区分を設けるなど、階級意識や自然破壊、人種主義にもつながる発想が含まれる。

日本で家紋を分割しなかったのは、美意識に対する独自の感受性に拠るものではないか。分割や付加をすればバランスが崩れ、紋章の美しさが失われるからである。しかしその根底には、日本の自然観が深くかかわっているように思える。日本では、人間は大自然に囲まれているが、その中で、区分を設けていない（図9）。庭には自然をそのままのかたちで取り込み、小さな空間においても、自然に逆らわず、いわゆる人間は自然と共生している。

遡ればこれはアニミズム的世界観とも共通するものである。仏教では動物の生命を尊重し、生まれ変わりや輪廻転生の思想によって殺生を戒めてきた。すべて自然と一体化しているので、分割するという発想は生じにくく、むしろ「たわけ」（馬鹿者、田分けから派生）という言葉が表すように、分割を戒める文化があった。

紋様とシンボル

使われるモティーフは日本もヨーロッパも多種多様であるが、すでに述べたように大別すれば日本は植物文様が多く、動物文様は極端に少ない。あるとしても、蝶、ウサギ、スズメ、昆虫など、小さくてかわいらしいものにほぼ限定され、威嚇するようなものはない。とくに優雅な花鳥風月、扇、鈴などの生活用品、巴、菱、亀甲などの文様が主流であり、人物像や魚は登場しない。

抽象文様も美的にデザインされ、シンメトリーの紋様が多く、様式化している。本来の自然はありのままの姿では非対称である。日本にはこの自然を模した庭園美を愛でる非対称の文化があるにもかかわらず、家紋はあくまで紋付や提灯につけるもので、オモテのシンメトリーのシンボルである。したがって、タテマエの対称性を重視したのである。

それに対しヨーロッパは、ライオン、ワシ、クマなど強い動物紋章に人気が集中している。これらの動物の多くは、相手を威嚇するかのように口を開け、舌と歯を見せている。さらに剣、斧、槍、落とし格子、ハンマー、弓矢など、ヨーロッパ紋章は威嚇、武器という戦闘性を重視し、美的感覚を二義的なモノとした。本来のヨーロッパ美学ではシンメトリーを重視し、とくに建築においてはそれにこだわっているにもかかわらず、紋章では平気でその原則を破って分割合成を繰りかえしてきた。つまり紋章は機能を重視し、美の対象ではなかったのである。

さらにヨーロッパ紋章には、骸骨、ヌード、怪物、人魚など多種多様なモティーフが登場するが、日本の場合、そのような逸脱は秀吉の馬じるしの瓢箪くらいでほとんど見られない。海洋国家で漁業が盛んであった日本に魚紋章がないのも、仏教による殺生禁止の影響による。一方ヨーロッパでは魚の文化があまりないにもかかわらず、紋章に魚は登場する。ユニークで奇抜な文様は、ヨーロッパ紋章の識別性が特化したものともとれるが、日本では家紋はオモテの表象であるので、奇抜性は家紋になじまないからこれらは排除された。

色彩とかたち

日本の家紋は白黒が基調で、白黒は何にでも馴染む文様として好まれ、のちに紋付に使用したので、カラフルは不都合とされた。ここに墨絵の伝統、わび、さびの文化、華美を嫌う日本的美意識が見られる。例外は戦国時代で、目立つカラフルな旗指物も使われているが、それは戦場での識別の機能を重要視したからである。

ヨーロッパ紋章はカラーの世界、すなわち原色による色彩のルールを設定した。中間色は排除され、あいまい性は好まれなかった。カラーで実物に類似したものを描こうとしているわけではないからである。たとえば赤と白のチェックのワシや赤と緑のライオン（図10、図11）などのように、ここでも紋章は写実ではなく、あくまで目立つ識別の機能が重視されている。

日本の家紋は円形と対称形をシンボル化した文様が圧倒的に多い。円形は太陽信仰、あるいは易学の思想という説があり、日の丸との関係も指摘できる。さらに対称形は日本人の好むかたちで、先述のように紋付の左右のシンボルに合致した。また、明治維新以降、ヨーロッパの影響を受けて市章、大学紋章を制定したが、形状は多くの場合、日本の伝統

▲10　赤と白のチェックのワシ紋章

▲11　赤と緑のライオン紋章

どおり円形を踏襲している。

ヨーロッパ紋章は武器の楯から生まれたので、楯形を継承した。この形状の違いは紋章の成立事情を物語る。ヨーロッパで発達した都市紋章、商標、大学紋章などは、明治以降、日本の都市や企業、大学に大きな影響を与え、今日、ほとんどの共同体はシンボルを保持している。その意味で、今日の日本のデザインは、家紋の伝統のうえに、洋風化したシンボルを接ぎ木した文化を生み出しているといえる。

紋章の監視と紋章院

日本の家紋には紋章官という制度がなかったので、特別な菊、桐、葵などの紋を除いて、使用にほとんど制限がなかった。ただし江戸時代には『武鑑』（一六四七年から刊行されはじめた、大名や旗本の系譜、禄高、家紋などの記録）があった。また明治以降には、官憲が菊の紋章の不正使用について、コントロールした記録はあるが、それは皇室の権威を保持するためであった。

ヨーロッパ紋章には紋章官、紋章院が存在し、紋章官は戦場における参謀役として情報分析の重要な役割を果していき、平和時には紋章の使用、継承をコントロールした。しかしヨーロッパの個人紋章が衰退するにつれ、ヨーロッパ大陸の君主は紋章院や紋章官をほとんど廃止した。現在、イギリスのみに紋章院（図12）と君主が任命する世襲的紋章官（herald of arms、終身）が存続する。内訳は紋章官長の下に、上級紋章官三名、中級紋章官六名、下級紋章官四名、合計一三名のメンバーがいる。紋章官は王室の結婚式だけでなく戴冠式など、儀礼を取り仕切る役割を担っている。図13はイギリス王室の紋章衣を着て行進する紋章官である。

紋章官の年俸は、紋章官長が約五〇ポンド（現在、一ポンド一五〇円弱とすれば七五〇〇円程度）、上級紋章官が約二〇ポンド（三〇〇〇円）で、中級紋章官約一八ポンド（二七〇〇円）、下級紋章官約一四ポンド（二一〇〇円）である。したがって純粋の名誉職であるといえる。ただし紋章認可証の発行ができ、その手数料は、一通一〇〇〇ポンド（一五万円）などの副収入がある。

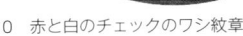

3 日本の家紋とヨーロッパ紋章の類似点

相続という慣習

紋章の分割という点においては日欧は異なっていたが、相続では両者は類似している。紋章が成立した時点からでは、すでに述べたように長子相続が存在していたので、紋章は家単位とし、同一紋で同族を表した。ところがヨーロッパ紋章は家単位でありながら、個人の識別を中心に発達し、それぞれの紋章を区分した。その意味では個人主義だが、長子相続が原則であり、兄弟・同族のモティーフは共通であるので、この点は日本と類似している。

相続は家系図という慣習と深く結びついた。日本の場合、家紋を分割しなかったので、それは家系図では問題視されなかった。しかしヨーロッパの場合、たとえば図14に示すのは、

▶12 イギリス紋章院

◀13 パレードに参加する紋章官（主君の紋章衣を着る）

フランス王室のヴァロワ朝からブルボン朝へと至る一四〜一六世紀の家系図であるが、このように紋章を図に加えることが多い。それは長子相続を原則とする、ヨーロッパでもっとも単純で日本の家紋と類似した相続例でありながらも、女性に紋章相続権があると分割しなければならない事例が展開されている。なおユリ紋の数を変えているのは、相続とは別の美的理由による。

相続は埋葬におけるシンボルの継承にも大きな影響をおよぼした。日欧いずれも墓標に紋章を刻印するという慣習が自然発生的に生まれた。それはあの世とこの世の連続性の宗教観を示すシンボルであり、人びとは子孫に家系を視覚的に示すために、墓石、墓標をつくった。墓石に家紋を刻印する習慣は、紋章史の研究に大きく寄与した。

宗教との関係

日本の家紋は神や仏とのかかわりが希薄なように見えるが、そうではない。一説には家紋に呪術的な意味があるという説もあるくらいである。戦国時代に、戦場に臨む武将は旗指物に神紋や祈願文を描いて神仏の加護を祈った。徳川家康の浄土宗に由来する「厭離穢《おんりえ》土《ど》欣求《ごんぐ》浄土《じょうど》」の旗指物は有名であるが、幟《のぼり》や旗指物は神の拠り代でもあり、神紋、社寺紋へ広がりを持つ。さらに漢字そのものを紋章としたものも少数あるが、その場合、漢字に祈願の意味を込めた。諏訪明神、熊野権現など、これらは多神教的背景を持つ。

ヨーロッパ紋章は、発祥時には戦闘集団である騎士から生まれたから、最初はキリスト教と直接かかわりがなかった。そのため、カトリックは騎士のトーナメントの試合などを野蛮と批判した。ただし十字軍の遠征時には楯や旗に十字のシンボルが増加した。その後、王侯貴族とカトリックのつながりが深まり、

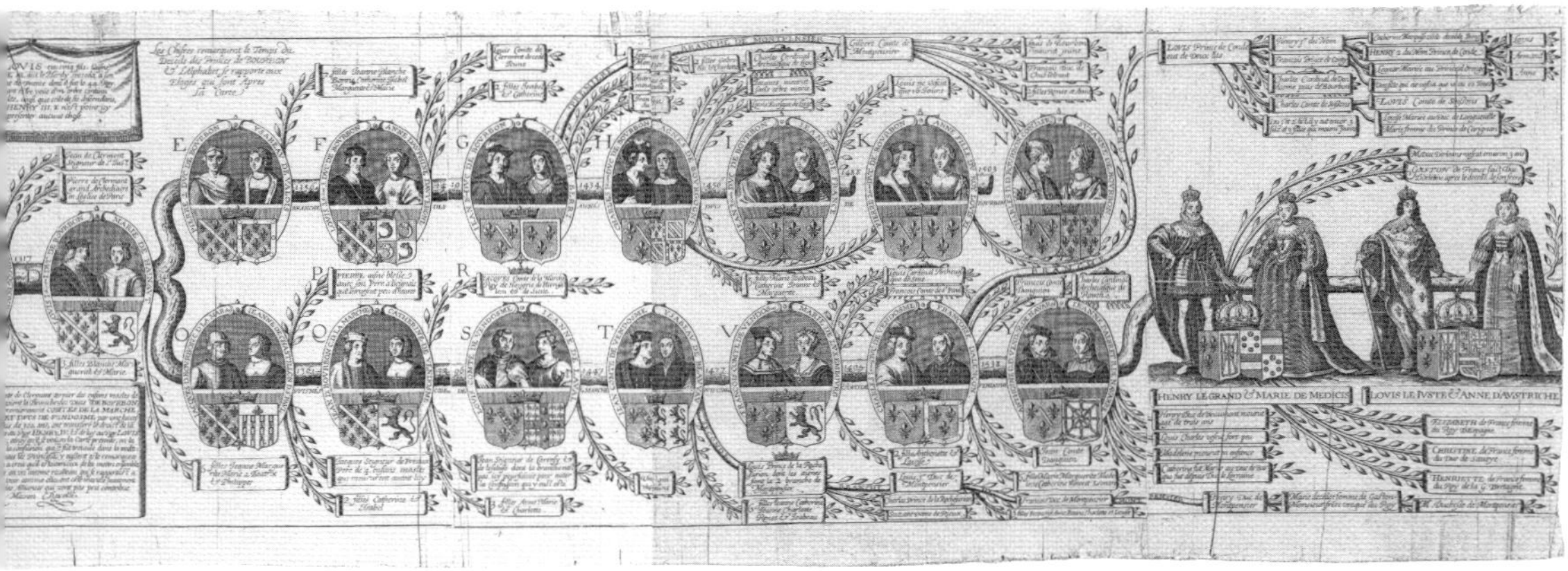

▲14　ヴァロワ朝からブルボン朝への家系図。右端がルイ13世夫妻

また逆にカトリックの体系を紋章でシンボル化し、紋章がキリスト教とのかかわりを深めた。これらは一神教的背景を持つヨーロッパ文化の特色でもある。ただしヨーロッパでも、紋章にラテン語のモットーを添え、その字に所有者の祈願を込めている。

紋章のデモンストレーション

図15は一七四五年八月三一日にフランクフルトに向かう、マインツ選帝侯の行列である。同年一月に神聖ローマ帝国皇帝カール七世が死去し、その後任の皇帝を選出するため、九月一三日に選挙が行われるからである。ここで馬衣、荷物などに紋章が表示されているのがわかる。当時のマインツ選帝侯はヨハン・フリードリヒ・フォン・オシュタインで、その紋章は変化しているが、この図に描かれているものにもっとも近いのは、図16に引用した大紋章である。初代マインツ選帝侯の紋章が、クオーターの最優先フィールドに描かれている。

なお選挙結果はこれまでの伝統どおり、ハプスブルク家から神聖ローマ帝国皇帝を出すことになった。フランツ一世は、女帝マリアテレージアの夫であり、マリー・アントワネットの父でもあった。

同様に日本の大名行列においても、騎馬、籠を擁し、荷物等に家紋を描いて、大名の威信を示した。図17は園部藩小出家の事例であ

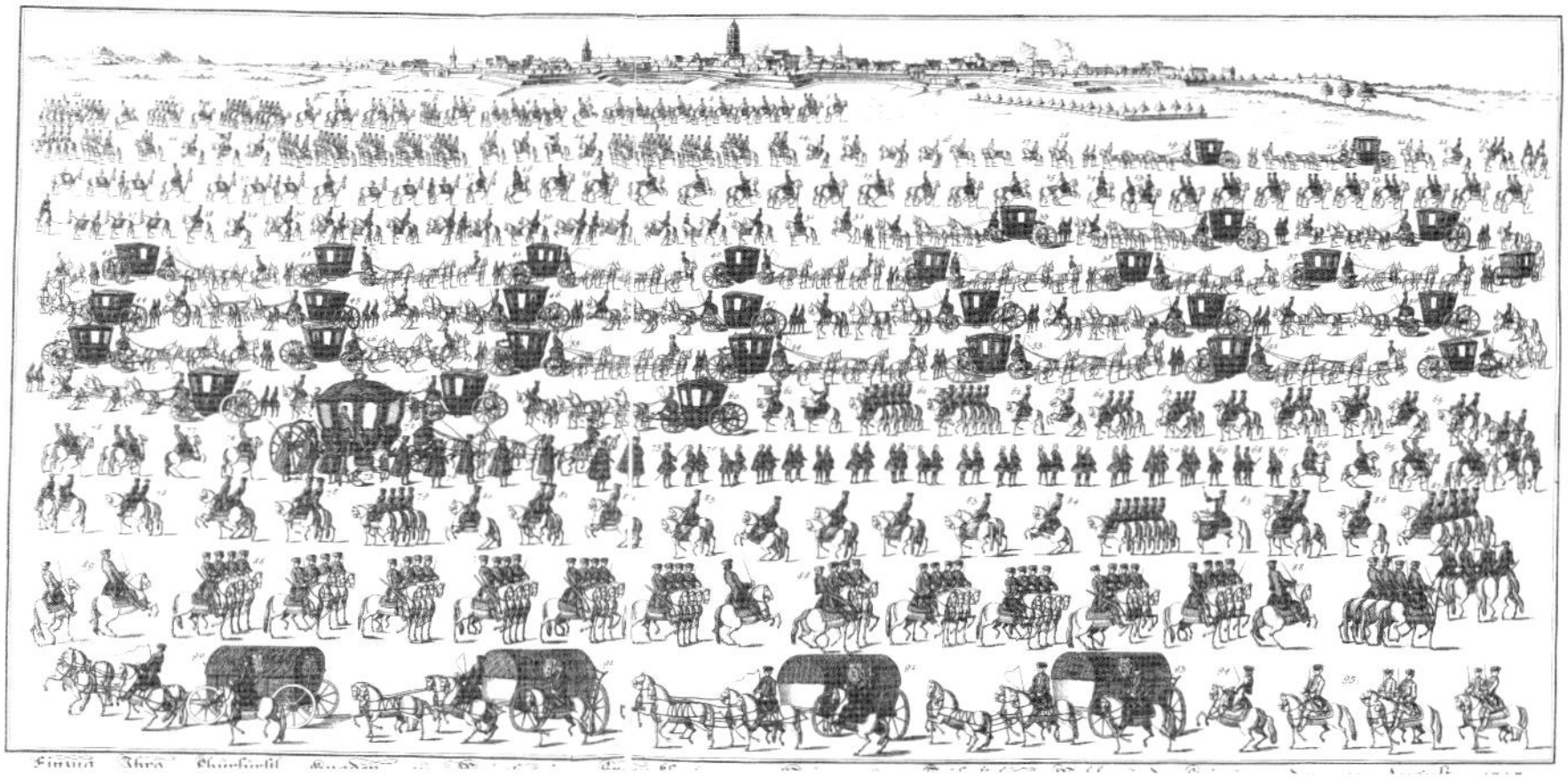

◀15　マインツ選帝侯の行列

るが、有名なのは加賀藩前田家の行列で、参加者は四〇〇〇人といわれている。

以上のヨーロッパと日本の行列図は、視覚的に紋章を示しており、その行列の主が誰なのかを、一般民衆に知らしめる役割を果たし、また見せる側と見る側の支配と被支配の関係を示している。それはマインツ選帝侯が本来、宗教的聖職者でありながら、鉄砲や槍で武装してデモンストレーションをしており、同様に参勤交代も鉄砲、弓、槍を持った武装集団であったという意味において、日欧の行列は類似した特色を持っていたといえる。

◀16　マインツ選帝侯ヨハン・フリードリヒ・フォン・オシュタインの紋章

▲17　園部藩参勤交代行列図（部分）（一九〇四年作）

加増紋

紋章は主君の権威の象徴であったので、臣下に下賜することがあった。これはヨーロッパ紋章と日本紋章のみに存在するが、紋章によって主従の強固なつながりを視覚的に示した。たとえばヴァスコ・ダ・ガマは、インド航路発見でポルトガル王の紋章を下賜され（図18）、ネルソン提督もイングランド王室から加増紋をもらっている。日本では加増紋は室町時代からみられるが、明治維新の功労者

▲18　ヴァスコ・ダ・ガマの加増紋

西郷隆盛は明治天皇から菊の加増紋を拝受した（図19）。

この点に、日欧の紋章の共通する特徴が認められるが、これは偶然の一致ではない。モノやかたちあるシンボルが人と人のつながりの印であることを物語っている。加増紋はさらに幅広く、贈与論から考察しても面白い問題であるが、紋章が単なるお金やモノでなく、贈与主のシンボルそのものであったので、それはなおいっそう効果的な贈与であった。

4 日本の正面顔の文化とヨーロッパの横顔の文化

日本の正面顔の文化と家紋

日本では肖像画や人物は正面から描くこと

▲19　西郷隆盛の加増紋

が多い。正式の写真、履歴書の写真は原則として正面顔（図20）とし、横顔写真では協調性を疑問視され、排除される可能性がある。日本では正面は、正義、公正、正室、正統などの言葉が示すように、伝統的に正しい面であるとする考え方が主流を占め、横顔はネガティブなイメージがありうるからである。それは横の付く言葉、たとえば横領、横柄、よこしま、横槍、横流し、横車、横目、横恋慕などといった悪い意味が含まれることと無関係ではない。

日本の家紋の特徴も正面顔の文化と深く関わっている。家紋は植物紋が多いが、自然、とくに花鳥風月の図案は、原則として正面から描かれる（図21）。植物の習性として、木、花、葉は太陽に向かって生長したり咲いたりするが、太陽の方向が正面であり、生け花も正面の美を追求する。同様に日本の動物紋は鳥、蝶などが主流を占め、羽根を広げたり、あるいは複数描いたりして、対称的な、あるいは円形をイメージする図案づくりをモットーとした（図22）。また動物紋でも動物そのものを描くことを目的とせず、その美を重視してきた。

このような正面や対称形紋があるもうひとつの理由として、紋付の習慣が挙げられる。これも日本の美意識と深くかかわるが、紋は、左右対称に配され、正面から見てそれがもっともバランスのとれたかたちであるからである。

ヨーロッパの文化と紋章

ヨーロッパにはプロフィール（横顔）の文化があり、コインの横顔のデザイン、似顔絵にも横顔が多い（図23）。その理由としては、ヨーロッパ人の場合、鼻が高く、彫りが深いので、正面顔より横顔のほうが人物の特徴をよく表すからである。もちろんヨーロッパにも正面から描く方法があるが、かなり角度を設け、立体化や遠近感を演出することが多い。さらに、横顔の文化と深くかかわるシルエットの文化がある（図24）。ヨーロッパの観相学でも横顔が重視された。

このような横顔の文化とヨーロッパ紋章は密接にかかわっている。すでに何度も述べてきたように、ヨーロッパでは動物紋章も、正面顔ではなく、横向きに描写されている。これが動物の特徴をもっとも的確に表すからである。ヨーロッパ紋章が好む強い動物（ヒョウ、ライオン、ワシなど）は、獲物を狙うときに相手に気づかれないように接近するために、正面顔はできるだけ表面積を小さくしていくかたちに進化した。そのため正面顔は、動物の特徴をカムフラージュし、動物の全貌を示さないから、図案化するときに不向きであった。逆に横向きに描くと、動物の特徴がもっともはっきりと描くことができるのである。

5 日欧の紋章交流記、ケンペルとシーボルト

ケンペル（一六五一～一七一六）とシーボルト（一七九六～一八六六）はいずれもドイツ人であるが、当時、オランダ商館関係者と

◀20 高杉晋作の正面顔の肖像画

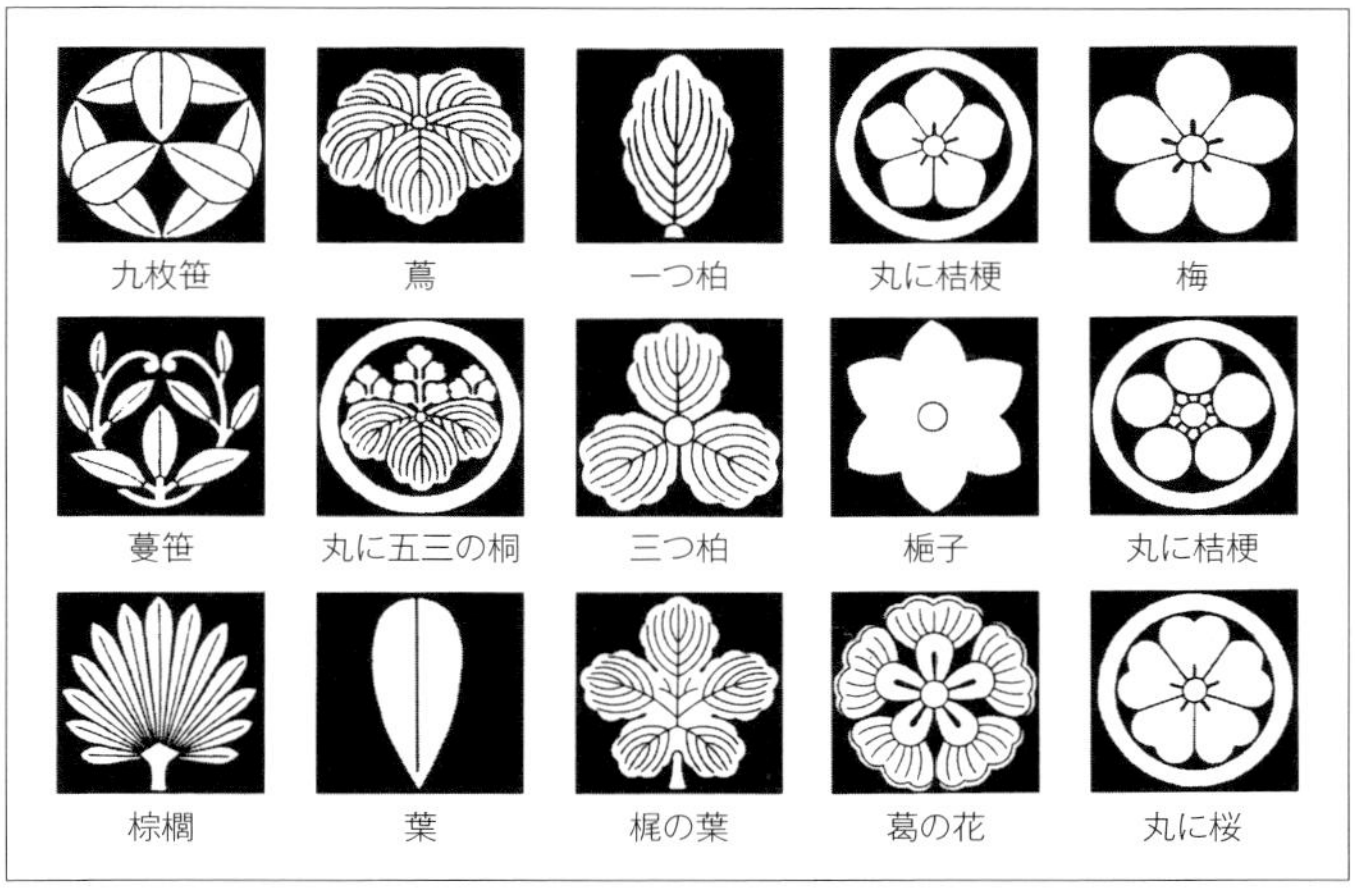

◀21 正面から描かれる植物紋（泡坂妻夫『家紋の話』より）

▲22 正面ないしは、対称的に描かれる動物紋

◀24 シルエットの文化（ゲーテ）

▲▶23 横顔の文化。皇妃エリーザベトの横顔の肖像画と（右）とナポレオンの金貨（上）

して鎖国中の日本へ入国し、オランダ商館の医師をしながら、日本に関する書誌を記録した。

その中で彼らが日本の家紋に強い関心を持ったのは、ヨーロッパではありふれた紋章が外国にはなく、日本で再発見したからである。たとえばケンペルが残した遺稿を、イギリス人ハンス・スローンが『日本誌』として一七二七年に出版したが、その表紙にはケンペルが集めた、徳川将軍家の葵の紋を中心に、日本の家紋を並べ、内枠を四頭の龍で取り囲む構図にしている（図25）。これはケンペルだけでなく、編集・出版をしたイギリス人も並々ならぬ紋章に対する興味と知識を持っていたことを物語る。

この本はヨーロッパへ日本の文化風俗を紹介する貴重な貢献を果たした。おそらく地理上の発見以降のヨーロッパ人にとって、外国の知識はかなりあったはずである。その意味では外国にないものと考えられていた紋章が、日本に存在したことは少なからず驚きであったであろう。余談だがシーボルトもケンペルの『日本誌』を読んで、日本の文化に興味を持ったという。

江戸時代にオランダ人と偽り日本に入国したシーボルト（図26）は、ヴュルツブルク生まれのドイツ人であった。彼は日本とオランダの交流に特別の功績を残した人物としてよく知られているが、ドイツ語風に表記すると、フィリップ・フランツ・フォン・ジーボルトとなり、フォンが示すように貴族出身である。シーボルトの完全紋章を図27に示すが、楯に星とメスを持つ手が描かれており、それは代々医者の家系であったことを表す。事実、父はヴュルツブルク大学産婦人科の教授であったし、シーボルト自身も医者として、日本人に対して献身的に治療をした。さらに彼と内妻タキとの間の娘イネも、日本の女性産科医第一号となった。このエピソードは紋章とのかかわりからも、たいへん興味深い事実である。

シーボルトが知見を広げるために海外へ渡航し、来日した経歴は有名であるが、しかし彼の紋章をめぐる話は、日本ではほとんど知られていない。バタビアの東インド会社を経て日本に入国してから、シーボルトが日本の家紋に強く惹かれたのは、ヨーロッパ紋章を知っていたからだ。

遠く離れた日本に、ヨーロッパとよく似た家紋の風習があったことは、シーボルトにとっても驚きであったはずである。日本滞在中に、絶対禁令であるのにも拘らず、徳川家の葵の紋をヨーロッパへ持ち運ぼうとしたことや、内妻タキの紋付にシーボルト紋章を染め抜いていたことが、その証拠となるからだ（図28）。

現在、シーボルト記念館に所蔵されている「シーボルト服紋　2片」（重要文化財）は、シーボルトが帰国するときに、形見として内妻の紋付の紋を切り取ったので、その切り取り後も生々しく残されている。シーボルト服紋は彼が持ち帰った遺品としてドイツに残されていたもので、それを旧長崎市立博物館が譲り受けた。これはヨーロッパ紋章と日本の家紋の習俗を融合させていた証拠であり、紋

▶25 ケンペルの『日本誌』英語版

章史においては重要な意味を持っている。

　余談だがケンペルとシーボルトは、いずれも東インド会社に雇われ、来日している。同じくドイツ人、医者という経歴である。そして日本の多くの品物、資料を持ち帰っている。

◀26　シーボルトの肖像画

◀27　シーボルトの紋章

シーボルトに至っては禁制品の日本地図すら持ち帰ろうとしたことが発覚し、追放された。このような事実は何を物語っているのであろうか。これは歴史の背後にある話であるが、彼らは東インド会社に雇われた「諜報員」であったと推定される。イギリスが七つの海を支配する海洋王国である前に、オランダ全盛期の時代があった。バタビアはオランダの東洋政策の拠点であったし、事実、現インドネシアは第二次世界大戦まで、オランダの植民地であった。

◀28　「シーボルト服紋　2片」（シーボルト記念館蔵）

　オランダ王国自体が日本を植民地化しようと本気で考えていたわけではなかろうが、鎖国中の日本の貿易相手国であったので、むしろ「東インド会社」の方が、商売のために日本の情報を欲しがっていた可能性が高い。ケンペルもシーボルトもともに江戸へ行き、将軍にも拝謁しているからである。これは慣例行事であったとはいえ、明らかに日本の動向を探る情報収集にほかならなかった。しかし歴史は不思議なものである。日本開国のきっかけとなったペリーもシーボルトの日本に関する本を読んでいたのだから。

　そのことをペリーは『日本遠征記』の中で書いている。しかもペリーは日本来航前に、シーボルトが一緒に同行して再度日本へ渡航したい旨を彼に要請したことも明かしている。ペリーは日本を追放されたシーボルトに同行されると、日本を開国させる目的が果たせず、かならずトラブルの元になるので断固拒否している。本当のところは、シーボルトは内妻タキと自分の娘に会いたくて、再来日を考えていたのではなかろうか。

あとがき

河出書房新社の「ふくろうの本」シリーズは、カラー図版を交え、図説で歴史的テーマを展開するという方針で編集されている。これはヨーロッパ紋章を扱った本書ともっとも親和性を持つと思う。紋章の図版をご覧いただきながら、ページをめくっていくうちに、その文様の美しさや奥深さを味わい、さらにそれが語る歴史的・文化的背景を理解していただけたなら、筆者としてはこのうえない喜びである。

本書で一番心掛けたことは、一種の無機質とも思える上澄みの文化である紋章や図像だけを表面的に羅列するのではなく、それを生み出した人間の自己主張、生活感、世界観を浮き彫りにしたいということにあった。いうまでもなく紋章も、その根幹をなす歴史、文化、さらには人間の生活が生み出した表象であったからだ。

ヨーロッパ紋章が中世の一二〜一四世紀に花開いたのには理由がある。当時のヨーロッパは地球温暖化という背景もあり、農村でも開墾が盛んに行われ、都市の人口も増えてきた。その都市化の時代に大きな社会的役割を果たしたのが、メッセージを伝える図像という表象である。というのも文字は聖職者と一部の知識階級が独占し、民衆を含め、大多数は識字能力がなかったからである。のちの一六世紀前半のデータであるが、神聖ローマ帝国の人口一二〇〇万人中、識字能力があるものは、一〇〇万人を少し越える程度であった。

紋章はそのような社会背景と深くかかわっていた。原色を用いた色彩と具体的な図像を見れば、描かれた意味内容を理解することができたからだ。たとえ抽象図形であっても、それは識別の意味を持っている。したがって王侯貴族たちが紋章を重視したのにはわけがあった。彼らはそれによって権威を誇示し、支配と被支配の関係を民衆に意識させたかったのである。

しかし王侯貴族紋章だけでなく、中世後期から都市紋章、ギルド紋章など、その表象は急速に広がっていった。人びとの拠り所は自分たちが所属している共同体であり、都市の紋章、ギルドの紋章、信心会のシンボルは、自分の存在と連帯の証に他ならなかった。共同体紋章の発達において具体図形が多かったのも、この事実と密接にかかわっている。中世後期の都市の発達にともない、手工業を中心としたギルドも各都市に急速に拡大していったからである。

その際、紋章やシンボルは王宮や市門、建物に描かれたが、もっとも効果的であったのは、都市の広場での催しにおいてである。ここでは王侯はパレードを行い、示威的祝祭や結婚披露をした。本書で取り上げた騎乗槍試合も祝祭行事の一種である。その際、王侯たちは民衆に太っ腹の施しものさえふるまった。さらに自治都市でも祭りを実施し、ギルドや信心会もパレードを行った。そこで重要な役割を果たしたのが、シンボル表象である。それは支配の側からいえば、権力のデモンストレーションであったが、市民の共同体にとっては、所属と連帯の確認を意味した。ヨーロッパ紋章はこのような視覚的な機能を重視し

たものであった。

　ところがその優れたメッセージの機能は、王侯貴族の没落や分割相続によって、権威が失墜したり意味不明なものになったりした。もはや近代では個人紋章は衰退し、単なる趣味の世界のモノにしかならなかった。ところが共同体紋章は原則として分割せず、多くは具体図形であったので、結束、所属のメッセージの機能を維持し続けた。その延長線上に商標がある。これは資本主義の発達によって、商品販売の戦略上、ますます重要な役割を持つようになった。同様に国家においても国章は国旗に準ずるものとして、国家主権を表すシンボルとなり、帝国主義や植民地支配に威力を発揮してきた。

　近代は概していえば文字の時代であり、思想、意志は主に活字によって伝達されてきた。その転機はグーテンベルクの活版印刷機の発明にさかのぼる。このメディア革命によって、近代ヨーロッパでは活字文化が優位を占めるようになった。それにともない文筆業が生まれ、さらに学校制度が確立され、識字率が急速に高まった。その印刷革命は宗教改革をも引き起こしただけでなく、資本主義の急速な発達を促した。活字文化がヨーロッパだけでなく世界を席巻したといってもよい。それが映像メディアと競合するようになったのは、二〇世紀の映画やテレビの登場以降である。

　時代は巡り、現代はネットを使った情報化社会である。スマホの普及によって、文字だけでなくシンボルや映像が瞬時に発信・受信できる時代が到来した。二〇二〇年の東京オリンピック用にも、エンブレムや絵文字（ピクトグラム）が制作された。すなわち今や表象文化の時代を迎えているといってもよい。それが活字文化を凌駕しつつあるようにも思える。その証拠にアニメ、マンガ、キャラクターグッズ、ゲームソフトなどは全盛期を迎えている。

　現代では、その表象が発信するインパクトは極めて大きいので、今もう一度、紋章を表象文化という切り口から見ると、ヨーロッパ紋章などかび臭い過去の遺物というよりはむしろ、無視できない一種の新しいメッセージを含んでいるように思われる。たとえば前述の絵文字と紋章も無関係ではないし、広告、商標、デザインにも紋章のシンボルを活かすこともできよう。その意味において、温故知新という言葉があるように、紋章を新たな表象文化の時代にお27いて再認識してしかるべきであると考える。本書の出版の意味は、過去の紋章の盛衰の歴史を考察するだけでなく、現代におけるシンボルの意味を問うことにもあったのである。

　本書の出版にあたり、河出書房新社編集部の渡辺史絵さんに、前著『図説 指輪の文化史』と同様、助言や有益なご提案をいただいた。末筆ながら心からお礼を申し上げる。

二〇一九年秋　　浜本隆志

泡坂妻夫『家紋の話』新潮社、1997年
上尾信也『吟遊詩人』新紀元社、2006年
池上俊一『歴史としての身体』柏書房、1992年
B・ウォーカー『神話・伝承事典』山下主一郎主幹、大修館書店、1988年
G・オーデン『西洋騎士道事典』堀越孝一訳・監修、原書房、1991年
J-P・クレベール『動物シンボル事典』竹内信夫他訳、大修館書店、1989年
慈円『愚管抄』（日本古典文学大系）岩波書店、1967年
H・ダヴァンソン『トゥルバドゥール』新倉俊一訳、筑摩叢書、1972年
高澤等『家紋の事典』東京堂出版、2008年
徳善義和編『世界の思想家5　ルター』平凡社、1976年
P・ドロンケ『中世ヨーロッパの歌』髙田康成訳、水声社、2004年
「日本・オランダ修好380年記念」展覧会資料『シーボルトと日本』1988年
丹羽基二『家紋逸話事典』立風書房、1995年
浜本隆志『紋章が語るヨーロッパ史』白水社、1998年
R・バーバー『図説騎士道物語』田口孝夫監訳、原書房、1996年
M・パストゥロー『紋章の歴史』松村剛監修、創元社、1997年
M・パストゥロー『悪魔の布』松村剛他訳、白水社、1993年
布施昌一『シーボルトの日本探検』木耳社、1977年
J・ブムケ『中世の騎士文化』平尾浩三他訳、白水社、1995年
C・ブリンカー・フォン・デア・ハイデ『写本の文化誌』一條麻美子訳、白水社、2017年
A・ブーロー『鷲の紋章学——カール大帝からヒトラーまで』松村剛訳、平凡社、1994年
森護『西洋紋章夜話』大修館書店、1988年
森護『ヨーロッパの紋章・日本の紋章』河出書房新社、1996年
森護『ヨーロッパの紋章——紋章学入門』河出書房新社、1996年
森護『英国王室史話』大修館書店、1986年

【主要参考文献一覧】

J. Abeler: Kronen Herrschaftszeichen der Welt, Wuppertal 1990.
P. Bahn: Familienforschung und Wappenkunde, Niederhausen 1994.
R. Barth, ua. : Die Chronik der Kreuzzüge, München 2005.
R. Bartlett: Die Welt des Mittelalters, Kunst Religion Gesellschaft, London 2001.
A. K. Bleuler: Der Codex Manesse, Geschichte, Bilder, Lieder, München 2018.
H. Boockmann: Die Stadt im späten Mittelalter, München 1994.
J. P. Brooke-Little revised. Boutell, s Heraldry, Stuttgart 1973.
Brockhaus Enzyklopädie, Bd. 19, Manheim 1998.
K. Brunner, ua. : Ritter Knappen Edelfrauen, Wien 2002.
R. Decker Die Papste und die Hexen, Darmstadt 2003.
Die Minnesinger in Bildern der Manessischen Handschrift Insel-Bücherei, Frankfurt am Main 1987.
F. Gall: Österreichische Wappenkunde, Wien 1992.
G. Greindl: Königsschlösser LudwigII. in Bayern, Hamburg 1985.
A. Grenser: Zunft- Wappen und Handwerker-Insignien, Vaduz 1992.
0. Henne am Rhyn: Geschichte des Rittertums, Leipzig 2003.
Herold Verein für Heraldik, Genealogie und verwandte Wissenschaften (Hrsg.) : Wappenfibel Handbuch der Heraldik, Neustadt an der Aisch 1991.
U. Im. Hof: Die Schweiz, Illustrierte Geschichte der Eidgenossenschaft, Stuttgart 1984.
H. Horstmann: Wappen, Fahnen, Bürgersiegel, Lorch 1976.
N. Humburg: Der Rattenfänger von Hameln, Niemeyer 1990.
H. Hussmann: Über deutsche Wappenkunst, Wiesbaden 1973.
S. Iain and D. Pottinger: Simple Heraldry Cheerfully Illustrated, Enderby 1993.
A. Kalckhoff: Fürsten-, Länder-, Bürgerwappen: Heraldik aus neun Jahrhunderten, Shuttgart 1988.
W. Leonhard: Das grosse Buch der Wappenkunst, München 1978.
M. Lurker: Symbol, Mythos und Legende in der Kunst, Baden-Baden 1974.
H. Machatscheck: Unterhaltsame Wappenkunde, Berlin 1981.
O. Neubecker: Großes Wappen-Bilder-Lexikon der bürgerlichen Geschlechter Deutschlands, Österreichs und der Schweiz, 2008.
O. Neubecker: Heraldry, Sources, Symbols and Meaning, Maidenhead 1976.
G. Oswald: Lexikon der Heraldik, Mannheim 1985.
B. Römmelt: Oktoberfest München, Rosenheim 2003.
G. C. Rothery: The A. B. C of Heraldy, London 1915.
C. -A. v. Volborth: Heraldik, Eine Einführung in die Welt der Wappen, Stuttgart 1992.
H. Waldner: Die ältesten Wappenbilder, Berlin 1992.
A. Zappe: Grundriss der Heraldik, Limburg 1971.
A. Zelenka: Sudetendeutsches Wappenlexikon, Passau 1985.

浜本隆志（はまもと・たかし）

一九四四年、香川県生まれ。関西大学名誉教授。

ヴァイマル古典文学研究所、ジーゲン大学留学。

専攻はヨーロッパ文化論、比較文化論。

主要著作に『紋章が語るヨーロッパ史』『指輪の文化史』（白水社）、『魔女とカルトのドイツ史』（講談社現代新書）、『バレンタインデーの秘密』（平凡社新書）、『シンデレラの謎――なぜ時代を超えて世界中に拡がったのか』『図説 指輪の文化史』（河出書房新社）、『ナチスと隕石仏像――SSチベット探検隊とアーリア神話』（集英社新書）など多数。

ふくろうの本

図説 ヨーロッパの紋章

二〇一九年一〇月二〇日初版印刷
二〇一九年一〇月三〇日初版発行

著者…………浜本隆志
装幀・デザイン…………日高達雄＋伊藤香代
発行者…………小野寺優
発行…………株式会社河出書房新社
〒一五一―〇〇五一
東京都渋谷区千駄ヶ谷二―三二―二
電話 〇三―三四〇四―一二〇一（営業）
〇三―三四〇四―八六一一（編集）
http://www.kawade.co.jp/
印刷…………大日本印刷株式会社
製本…………加藤製本株式会社
Printed in Japan
ISBN978-4-309-76287-6
落丁本・乱丁本はお取り替えいたします。